心理臨床における実践的アセスメント

事例で学ぶ
見立てと
かかわり

伊藤直文［著］

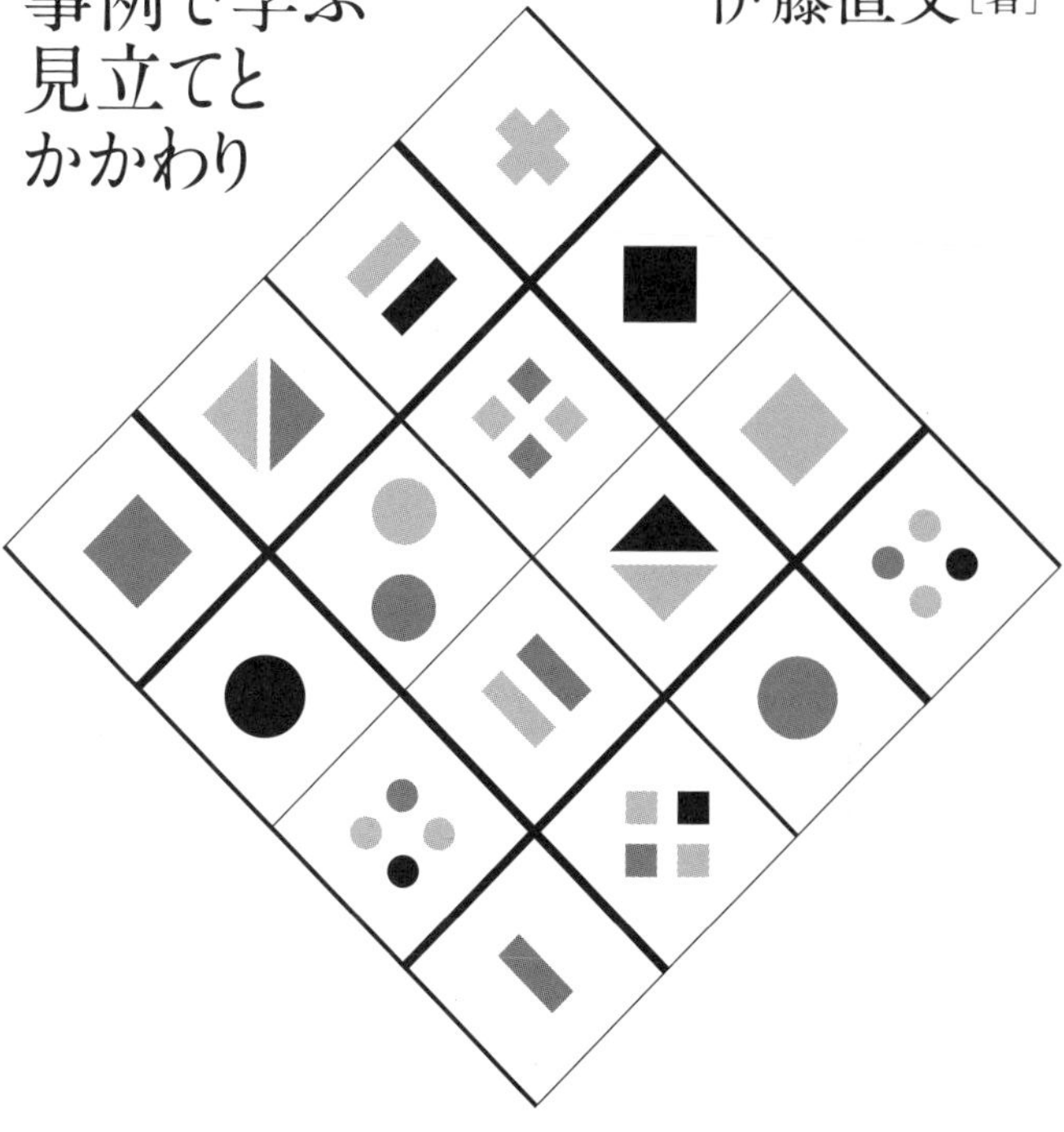

Ψ
金剛出版

序　文

村瀬嘉代子
（財）日本心理研修センター、大正大学

著者伊藤氏に初めてお会いしたのは、氏が大学院一年生でいらした時でした。当時私には重篤な発達障害を主訴とする子どもたちの心理支援を依頼されることが増えておりました。折りしも「受容、共感」を基調とするプレイセラピイより科学的アプローチ、行動療法こそが有効という主張が強く提唱されるようになっていました。感情に溺れるような態度や主観的にことを理解するようであってはならないが、〇〇療法と一言で称しても、それを適用する人の個人としての特質が関与することは否定できない事実でありましょうし、さらに重篤な発達障害児に対して、治療技法を変えれば解決というほど単純ではないように私には思われました。

さらに、いわゆるセラピイの時間内だけ心理支援では発達が著しく遅れかつ行動上の問題をさまざまに多発し、良い刺激を受け手も自ら汎化して受け止め、自発行動に発展させて活かせるようになることを期待することは重度の発達障害児には難しい、と考えられました。ことに重篤な状態の子どもには、原則は個別的に、その子はどういうことであれば関心を持てるのか、それを如何にその子の呼吸に合わせながら引き出し、無理のないペースで社会化された望ましい行動へと成長変容していけるように傍らにあって支援していく、重篤な状態の子どもであっても、まず一人の子どもとして対応する人に出会えてから、子どもは集団の中での支援、より社会化された場面への適応が可能になると私は考えたのです。

さらに、多くの保護者、主として母親は多動の我が子の安全を思って、子どもの後をひねもす追いかけたり、言葉の未発達やその子独自の言葉（造語）の意味を図りかねながらのコミュニケーションがうまく運ばない日々の生活に心身共に疲弊しておられる場合が多いことに気づき、孤軍奮闘という具合の保護者をささやかでもお手伝いすることが必要だと思いました。

そこで、いわゆる正規の心理療法の時間以外に、友人のような、家庭教師のような、佳き理解者で同行者でもある、そして当の子どもにとって人生の先達としてさりげなく生きていく上での基本的な技や要領をそっと伝える、友達のような、或いは人生の先を歩みつつ、必要なことをさりげなく寄り添って一緒に遊びや子どもの望む活動をしながら伝えていく、という活動を通して、生き難さを持つ子どもの精神的治癒と成長を支援する役割をする人の存在があると望ましい、そうだ、そういう人、名付けて治療者的家庭教師ということにし、発達障害を持つ子どものお役に立ちたいという大学生（院生も含む）を募ることにしたのです。

学生たちは在籍校も専攻もさまざまでしたが、皆誠意と熱意のある人たちで、隔週の日曜日の朝には各自が担当している生き難さを抱えながらより良くなろうと努力中の自分が受け持っている子どもについて一緒に検討しあう会を持ちたいという希望が出され、勉強会を我が家で開きました。難しい局面に出会っている学生さんとは個人的に随時話し合いました。最初、この治療者的家庭教師をすることが本来の学業その他に支障をもたらさないかと心配しましたが、学生さんたちからはものを深くさまざまな角度から考えるようになった、勉強する自分の姿勢が能動的になったような気がする、などという感想を聞きました。

前置きが長くなりましたが、伊藤氏は大学院生のとき、この治療者的家庭教師に応募して下さったのです。

伊藤氏の初対面の印象は「礼儀正しい成績優秀な典型的山の手風の青年」でした。担当して戴こうと予定していたのは、相当ワイルドで多動で異様に敏捷で、行動の方向を予測しがたい、こちらが発する言葉の意味は相当分かっているらしいが、発語はほとんどない男子の幼児でした。行動の仕方を見ると言葉を知らないと言うより、発しないようにしている、人との繋がりを持つことに何か強い躊躇い?反発、不信感があるように私には思われました……。攻撃的に振る舞っていることが多いものの、実は彼自身が安心できる場や人を知らず、不安に突き動かされているように私には感じられました。

その子は行動は素早く敏捷で、予測し難い動きを連発します。相性の良さそうな別の子どもさんに担当の変更を提案しましたが伊藤氏は「やります！」と。

それからの伊藤氏はズボンをたくし上げ、ワイシャツの袖をまくり上げてその子の後を追い、疲れを知らぬようにその子に合わせて動き、その子について行こう、一緒に動きながらその子を分かろう、時間や行動を分かち合おうとされました。そして、その日から参考になる文献も合わせて多くあたられ、根気強く、その子の頑なさに気負わず相手をされました。程なく二人の間には独特のコミュニケーションチャンネルが生まれ、少しづつ孤立していたその子は「繋がる」楽しさや意味を伊藤氏との間で実感したようです。文字にすると簡単なようですが、伊藤氏は事実をよく見て考え、決めつけないでいろいろその子の世界を想像し分かち合おうと努力されていました。そして、この目前の現実はどういうことなのだと真剣に考え、自分は何を目指し、この子に対してどういう動きをすべきかを懸命に考えられました。山の手風の成績優秀者を越えるものを私はその時感じ取りました。

ここに述べた伊藤氏の学識、心理臨床家としての当初の熟達化の課程のその後編と集大成が誠実に、そしてあるときは真摯な反省も込めて文章化されたのがこの一書です。

若いこれから社会へ出る準備をされている方々、目下社会の中で問題意識を抱きつつ真摯に仕事に取り組まれている方々、来し方を振り返りつつ人を理解し、その生き方を支援する営みに本質的に必要な要因とは?と御自分の足跡やこれからの時代について考えを巡らせている方、それぞれの人に本書は多くを語りかけてくるであろうと思います。多くの方が手にしてお読み下さればと願っております。

二〇二二年　三月

令和四年のある春の日
壺にいけられた桃の花を眺めつつ……

まえがき

はじめに

一〇年近く前に、「よみとりの視点、伝える工夫――臨床心理アセスメント私論」（臨床心理学増刊四号「事例で学ぶ臨床心理アセスメント入門」所収）なる小論を書いた。もとより私は、アセスメント技法の専門家ではないので、それなりに長く実務についてきた立場から、自分の心理臨床実践で大切にしている視点をいくつか挙げて論じたものだったが、意外にも何人かの方から面白かったと言っていただいた。そのときは、まずはよかったと一安心しただけだったが、その後も、さまざまな機関の実務家や大学院生の事例検討やスーパーヴァイズをしているうちに、こうした実際ケースの局面局面で心理臨床家が何を考え、判断しているのかについて、日常は頻繁に語りあっているにもかかわらず、アセスメント論としてはあまり書かれていないのではないかと思うようになった。

そのような着想から、ここでは通常「アセスメント」と題して語られるよりも、広範で実践的な臨床的アセスメント行為の総体を視野に入れて考えてみようと思っている。

このような意味でのアセスメントについては、実は、土居健郎（1977）、中井久夫（1985）、神田橋條治（1994）、成田善弘（2014）、村瀬嘉代子（1996, 2008, 2018）、熊倉伸宏（2002, 2003）等々、卓越した先達の著作の中に、主に「面接法」の一部として「何をどのように見」「どのように面接するか」という文脈で豊かな記述がなされている。それに何かを加える力が私にあるとは思っていないが、「アセスメント」を鍵概念として、このような関わりの過程における認識と判断についてまとめてみる意味はあるのではないかと考えた。

多くの先達の著作では、どの立場からも一様に、アセスメント（見立て）と治療が不可分のものであることも指摘されている。にもかかわらず、臨床心理学の領域では、アセスメントは、治療、処遇、支援から独立した一分野として論じられることが多い（独立して論じておきながら、実は一体のものだとコメントするといった形）。そこには、心理テストの研究、実施を有効な「武器」として職域を獲得してきた心理職の成り立ちも影響しているだろうし、科学的方法論に基づく心理学を基盤に対象化、客観化の姿勢を重視してきた背景もあるに違いない。その是非に言及するつもりは毛頭ないけれども、とにかくここでは、アセスメントと治療、支援を一体のプロセスとして見ながら、実践的な心理臨床アセスメントを可能な範囲で整理し、記述してみたいと考えている。

そのようなわけで、本書は、専門的アセスメント技法や方法論に関心のある方の期待にはほとんど応えられない。他方で、それなりに経験を積んできた心理臨床実践家が、どんな材料からどんなことを考え、判断しているのだろうと関心を持っている比較的若い臨床家や大学院生には面白く読んでいただけるのではないかと考えている。

この本の第一章、第二章では、上述のような意味での「アセスメント」について整理することを試みた。第三章から第六章は、事例を提示しつつ、その局面局面で何を考え、判断したかを挿入するという形で記述してみた。通読していただくのでも良いが、事例の一区切り毎に各自の心に浮かんだものを確認し、その上で「アセスメント」部分に読み進んでいただくのもよいのではないかと思っている。第七章以降は、これまで書いたものからいくつかを掲載した。事例の見方の一端を読み取っていただければ幸いである。

一　歩いてきた道筋

目次を見ただけでも容易に理解されると思うが、私はサイコセラピストもしくはカウンセラーとして一貫して仕事をしてきた者ではない。本書に提示する事例も、特殊なものが少なくないので、あらかじめ、それぞれの場で学んだことも交えながら、私の臨床歴を書かせていただこうと思う。

臨床的関わりの出発点は、大学院時代、当時世田谷区太子堂にあった国立小児病院精神科のアルバイトスタッフ（身分は無給研究員）としての三年間であった。病棟に長期入院している子どものプレイセラピーや外来面接など行い、若い医師たちに混じってカンファレンスをし、文献講読会に参加したことは、大いに勉強になったが、報酬をもらう「仕事」は、自閉症児の親の会の運営スタッフであった。当時は、養護学校義務化（一九七九年）以前であり、重度の自閉症児（現在よりも極めて重篤な状態の子が多かった）には通う場が保証されないまま一〇代半ばになっている子もおり、その子を抱える親たちも苦悩を抱えていた。そうした親たちの会活動を手伝い、通ってくる子どもたちや親に場を提供しながら、文字通り付き合い、場を確保するために学校や役所と交渉をするという仕事だった。これは、心理臨床というより、ほとんど社会運動家だったが、経験は強烈だった。子どもたちと付き合いながら、自分が当たり前と思っていた「こころ」というものの不思議と深遠さに立ちすくみ、言葉も持たず自発的な行動も少ない子どもたちが見せるかすかな喜怒哀楽を宝物のように感じた。また、これほどまでの苦悩と葛藤を抱えながらたくましく生活しているお母さんたちに心からの畏敬の念を持った。

そんな学生時代を過ごしながらも、臨床領域に進む覚悟はできず（あまりに強烈で重すぎて）、大学院では実験社会心理学を専攻していたが、最終的には家庭裁判所調査官になることを選んだ。家裁調査官は、司法ケースワーカーというべき仕事であるが、当時の調査官研修所では、法律の基礎訓練とともに心理学領域のカリキュラムが豊富で、土居健郎先生、河合隼雄先生、小此木啓吾先生、村瀬孝雄先生、村瀬嘉代子先生など著名な講師陣の指導を受けることができ、また同僚、先輩にも恵まれて、一気に臨床心理学への意欲が増した。「自分は家裁調査官の仕事を心理臨床的専門性に基づいて行う」という基本姿勢を自覚するようになった。

家裁調査官の仕事を経験する中で気付き、強く心に刻んだことが三つある。一つ目は、自分自身の経験してきた人生の道筋の狭さである。家事事件でも少年事件でも裁判所で出会う人たちには、私が想像さえできないような経験をし、驚くような環境で生きてこられた方が数多くいた。いかに自分の経験の幅が狭いかを思い知らされる日々で、それを埋めるには、知りたい、近づきたいという気持ちと想像力が必須だということを痛感させられた。二つ目は、そのような多くは不幸でつらい経験をして来られた方たちが、それぞれ一生懸命に生き、それぞれ自分の生き方にプライドを持っている姿に触れたことである。結果として非行を繰り返すようになってしまっている少年であっても、その過酷な生い立ちを見るとき、「自分だったら、このように人を愛し、信じようとできていただろうか。もっとひねくれて、あくどい人間になっていたのではないか」と思わされることもしばしばあった。人の中には、実現は難しくても、このようでありたい、ありたかったという希望があり、それがどこかでその人を支えている。それに気づくと、表面的な間違った行動や愚かな選択にもかかわらず、「すごいな」「頑張っているんだな」と尊敬できるところがあった。三つ目は、当たり前のことだが、心理学ですべてはわからないし、支援も心理的支援だけで足りるものではないということである。家裁調査官は、司法ケースワーカーであると書いた。私は、心理学的理解と見立てを自分の軸にしようと思ったが、支援の形はさまざまでありうる。少年なら、少年鑑別所に収容し、少年院に送るのも支援になりうるし、離婚の選択も意味あるものになりうる。問題は、本人がそれをどのように受け止め、自分のために活かすように行えるかであって、その見立てをするために心理アセスメントが重要な役割を果たせると考えた。

家裁調査官の仕事は、厳しい部分もあったが、やりがいもあり楽しかった。家事事件を八年、少年事件を八年経験した後、ご縁があって、内地留学先としてお世話になり、非常勤講師も経験した大正大学に専任教員として勤務することになった。大学では、外来機関である大正大学カウンセリング研究所でケースを持ちつづけ、地域では保護司としても活動してきた。

研究所では、自ら困って有料で来談するという家裁時代とはまったく異なる枠組みで幅広い主訴のケースを担当するようになって、格段に視野は拡がった。ただ、先に述べたような基本のスタンスは、あまり変わらなかったように思う。適切なアセスメントに基づくとき、料理をし、散歩をすることも「治療的」に作用すると考え、クライエントの選択肢を狭めないやり方でケースにあたってきた。それまでの経験もあって、逸脱行動や暴力の伴うケースにも比較的多く関わったが、非行のあった（といっても家裁ではほとんど問題にならない程度）中学生と関わる中で、家庭環境の劣悪さ、学校との軋轢を背景に、自ら進んで児童相談所に行って児童自立支援施設に入所し、そこで将来の道を立派に見つけていった事例を二例経験した。家裁時代、裁判官による少年の施設送致決定のケースには、それが本人のために必要だと考えていても、やはり大きな重圧を感じていたが、任意相談の場で自ら施設に入る選択をした中学生と出会えたことは、いくぶんか心のつかえを軽くしてくれたし、やはり子どもは信頼するに値すると感じさせてもらえた。

研究所は、病院、クリニックからの紹介ケースが多く、医師の診察と平行して面接を続けることが少なくないが、専門性の距離感という意味では、医師よりも遥かに遠い法律家と協働してきた経験は連携の上で大いに役に立っている。

いささか個人的なことを書き連ねてきたが、事例を軸に進めていく本書の性質から、私の経験を明らかにしておきたいと考えた。

二　事実に向き合い、人生を読みとる

本編に入る前に、臨床場面で人と出会う際に大切にしている二つの点に触れておきたい。

第一に、人と出会い、その人（状況も含めて）を理解するときには、まずそこにある事実と情報に虚心で向き合うことが肝要である。当たり前のことなのだが、実際にはこれが難しい。そのときの自分自身の状態（個人的悩みや欲求など）にも左右されるし、最近読んで面白かった理論は使っ

てみたくなる。自分の心の容量を超えるようなものに出会ったときには、自分を守るために専門用語を当てはめたくなったりもする（知性化の防衛であり逆転移でもあるだろうか）。目の前にある事実から出発することは意外と難しい。

村瀬（2018）は、「心理臨床の現実は理論を超えている」と近著に記しているが、これは長く一緒に仕事をさせていただいた中で、表現を変えながら繰り返し口にされていたことである。もちろん理論を軽視するわけではないが、臨床に従事するものは、理論より事実を重く見なければならないという意味と理解している。いかなる精緻な理論も、人が作り出したものである以上、現実を超え、網羅することはできない。変転する現実に絶えず向き合いながら、そこから意味を読み取ろうとする。これがアセスメントの出発点にあるものだと思う。

熊倉（2003）は、「心の臨床には、余りにも多くの知識、理論、主張があり、余りにカオスティックな知的状況がある。そして、何時の日か、日常臨床こそが知の最先端にあるという認識すら失う。本来、心の臨床は自然、つまりカオスそのものとの出会いから産まれた。人間が未知なるカオスとして存在する以上、カオスと出会うことこそが知の最先端にいることの証であった」と記し、続けて「心の臨床は、人間を分析して分かったと思い込むことではなかったはずである。心の臨床は人知の限界において、他者と出会う試みであった」と述べている。

他者の心は、究極的には不可知なものであろう。しかし、わからなさ、不思議さを抱えつつ、わかろうとし続けることの中に新しい理解が産まれてくる。それは、おそらく唯一絶対の真実ではなく、出会った二人が共有することで立ち現れてくる「生きられる事実」なのだと考えている。これは、出会いのはじめに私たちが「虚心に向き合う事実」とも異なったものになっているに違いない。

第二に、心理臨床におけるアセスメントには、その方の人生を読み取るという側面が必ずあると考えている。

家庭裁判所で出会った人々は、ある意味で皆人生の転機に直面していた。そのようなときに面接という形で出会うのが家裁調査官であった。そのためでもあろうが、面接をし、心理テストを施行しても、その方の特性、資質、能力といったものが読み取れるだけでは飽き足らず、その方の生き方、生活（ひいては人生）への向き合い方、その方を支えているものを読み取ることが臨床的アセスメントの核だと考えるようになった。その人が自分の存在（特性、能力、障害など）を背負いつつ、どのように現実に関わり、どのように生きていこうとしているのか、大げさに言えば「人生を読みとるのがアセスメント」と考えるようになったのである。私自身が、ロールシャッハテストの習熟に熱中したのも、その中に狭義の特性だけでなく、そのような自分を抱えながら、どう現実に立ち向かおうとしているかという姿が見えてくるからだった。

もちろんこれも簡単なことではないけれども、そのような姿勢で関わり、理解を進める臨床家でありたいと思い続けてきた。

三　事例について

本書では事例を提示しながら、事例理解と判断の過程を追体験していただく形の記述を多く行う。自ずと事例の記載は詳細になっているが、個人情報につながる記述は避け、一部は改変し、同種の事例から抽出したものを挿入しているところもある。しかし、その都度の理解と関わりの過程に作為はない。このため、ここに提示する事例は、もっとも短くても終結から二〇年、長いものは三〇年以上が経過しているものに限った。非行事例などでは、少なからず時代性を感じるものがあるが、事例理解の本質は変わらないと考えている。

これらの事例に登場する人々とは、その時間を共に生きたという思いがあり、心からの尊敬の気持ちを持ち続けていることを申し添えておきたい。

引用・参考文献

土居健郎（1977, 新訂版 1992）『方法としての面接―臨床家のために』医学書院
神田橋條治（1994）『追補 精神科診断面接のコツ』岩崎学術出版社
熊倉伸宏（2002）『面接法』新興医学出版社
熊倉伸宏（2003）『精神疾患の面接法』新興医学出版社
村瀬嘉代子（1996, 新訂増補版 2021）『子どもの心に出会うとき―心理療法の背景と技法』金剛出版

村瀬嘉代子（2008）『心理療法と生活事象―クライエントを支えるということ』金剛出版
村瀬嘉代子（2018）『ジェネラリストとしての心理臨床家―クライエントと大切な事実をどう分かち合うか』金剛出版
中井久夫（1985）『中井久夫著作集第2巻―精神医学の経験　治療』岩崎学術出版社
成田善弘（2014）『新版　精神療法家の仕事―面接と面接者』金剛出版

目次

心理臨床における実践的アセスメント

――事例で学ぶ見立てとかかわり――

第一章　心理臨床におけるアセスメント

対人支援に際して、何らかのアセスメント、見立て、判断をしないことは考えられない。そもそも、私たちが人と会い、つながりを持つときに、相手の特性や状況を考えずに関わることはないだろう。無邪気な子どもであっても、自覚的か否かは別として、この人は近づいて大丈夫な人かをどこかで判断しているに違いない。

もちろんこうした誰でも行っている「アセスメント」と専門的アセスメントを同一視するつもりはないが、専門的アセスメントのベースに、このようなインフォーマルで自覚できにくい「アセスメント」があることを考えておくことは必要である。

また、対人支援の場では、常に慎重で十分なアセスメントの機会が与えられるとは限らない。アセスメントのテキストには、臨床判断のために必要とされる多様で多面的な情報が網羅されているのが通常であり、確かにそれらは支援の方針をより確かなものにするために必要であることは疑いようがないけれども、支援開始時に必要な情報が揃わないケースが相当数あるのも現実だろう。例えば、自殺未遂をした人に緊急対応しなければならないとき、混乱状態で窓口にやってきて、助けが必要なことは一目瞭然だけれども、何故そのような状態になっているのかが、把握できないときなど幅広い事例が考えられる。そうした場合であっても、対人支援を行う者は、限られた情報に基づいて慎重に自らの言動をコントロールしながら関わっていくことになる。ここでもアセスメントは行われている。

本書では、通常論じられているよりも、非定型で実践的な臨床的アセスメント行為について考えていきたい。

一　臨床心理アセスメントとは

まず「臨床心理アセスメントとは何か」について整理しておこう。

ここでは、臨床的な支援実践を強調するために「臨床心理アセスメント」と記しているが、諸文献では、「心理アセスメント」「臨床アセスメント」などと書かれていることもある。それらも臨床の文脈で書かれている限りでは、同じものを指すと考えておく。「パーソナリティ・アセスメント」や「心理学的アセスメント」などは、理論的、方法的には共通のものを多く含みながらも、より一般的で多様な目的のためになされるものを指すので、「ある個人の利益のために活動するという目的でその個人のことを理解するという、臨床的アセスメントの持つユニークな目標をもっていない」（Korchin, S.J., 1976）という点で、ここで考えているものとは異なっている。

さて、「アセスメント」という言葉であるが、四、五十年ほど前には、わが国ではまだ使われることがなく、「心理診断」と呼ばれていた。実際、ロールシャッハ法の基礎テキストである片口安史の『改訂・新心理診断法』や氏原寛の『心理診断の実際』などの著作は直ちに頭に浮かぶ。

この「診断」という言葉は、辞書的にも「医者が患者を診察して病状を判断すること、転じて物事に欠陥があるかどうかを調べて判断すること。『企業─』」（岩波国語辞典）となっているように、一義的には医学的診断を指すものである。医学では、診断は、病因を確認して病名を特定、それに対応して確立された治療を行うという一連の行為の端緒になるものであって、誤った診断は誤った治療を招くことを考えれば極めて重い意味を持っている。それ故であろうが、当時、心理職が「診断」という言葉を使うことを好まない医師は多かったと記憶している。

現在では「診断」という語は、医学領域以外でも、企業診断をはじめ、機械状態の診断、プログラム異常の診断などに使われているが、それらは、不具合を見つけ出して修正するための原因発見を指すものとして使われることが多い。こう見てくると現在私たちが使っている「アセスメント」が内包するものとはかなり異なっていることがわかる。

他方で「アセスメント」の方は、英語の assessment をそのまま使っているもので、下山（2003）

によれば、心理学領域でこの語を初めて用いたのは、第二次世界大戦中に、機密情報にかかわる任務に適したパーソナリティを持つ人物を面接や心理テストを用いて選抜するプログラムを企画したハーバード大学のマレー（Murray, H.A.）とその同僚であり、「個人の異常性や病理を確定するのではなく、リーダーシップや勇気などパーソナリティの積極的な価値を見いだすことが目的となっていたので、あえて診断（diagnosis）という用語を用いなかった」ということである。

このassessmentには「査定」という定訳はあるものの、中古自動車や不動産の「査定」の印象が強いためか、書名や大学の講座名などに使われる以外は、すっかりカタカナのアセスメントが定着している。

さて、語としての定着とは別に術語として「臨床心理アセスメント」の定義は、必ずしも定まらないようである。

二　臨床心理アセスメントの定義から

以下に、比較的記述が詳細で、かつ理論的立場を異にする諸家の定義を挙げながら、この意味内容を少し考えてみたい。

臨床心理学的援助を必要とする事例（個人または事態）について、その人格や状況および規定因に関する情報を系統的に収集、分析し、その結果を総合して事例への介入方針を決定するための作業仮説を生成する過程（下山 2003）

心理臨床の対象となる人々について、その抱えている問題の内容は何か（問題の同定）、その問題には身体的要因、生活史とそれに伴う環境的要因、本人の生き方や性格的要因などがどのように組み合っているのか（形成因および形成過程）、それによって本人の内的世界や対外的態度はどのように形成されているのかについて推定し、問題の性質や程度を明らかにし、解決のための方針を提示すること（馬場 2003）

面接、心理テスト、行動観察等を用いて、クライエントの人格特性や発達水準、さまざまな社会的能力等クライエント自身に関するものからクライエントを取りまく状況や家族力動、援助資源など外的環境に至るまでの情報を収集し、その分析を経て、クライエントの状態を理解し処遇方針を定めていくための方法と過程（襲岩 1997）

こう見ると、なるほどそれぞれの立場の特徴がでていると感じる一方で、本質的な共通点のいくつかが見えてくる。以下に列記する。

（1）収集する「情報」が広範、多様である

「情報」の収集は当然のことだが、全人的な存在としての人に関わる心理支援では、収集すべき情報は極めて広範で、人格・性格、身体的要因から社会的要因にまで含まれ、ときには両親、祖父母の出自にまで及ぶことさえある。広範になればなるほど、取捨選択の必要が生じるし、とりわけ社会的文化的情報のような極めて多義的なものが含まれることになる。さらに、既述のように情報には、「問題」ばかりでなく、今後の資源になるべき肯定的な側面も含むことになるので、それは相当程度価値的なものを含んだデリケートなものになる。

（2）「情報の解釈」が重要である

「情報」は、その「事実」の水準に留まらず、「理解」「分析」「推定」を必要とする。つまり客観的事実（純粋にそういうものがあるかどうかは別として）を網羅的に収集することではなく、クライエントと支援者にとって意味のある事実を抽出し、統合するプロセスが含まれる。まさしく「力動的」関係の理解である。この中には、クライエントを困難な状況に追い込んでいる悪循環の発見が重要である一方で、それをどこかで良循環に変えていく手がかりの発見も重要である。前項で「多義的」とした社会的環境的な事柄（例えば関係者の特性、態度など）は、文字通り悪循環のもとにもなるし、良循環の糸口にもなるのであって、例えば「父親は酒飲みであてにでき

ない」といった単純な認識では臨床的には役立たない。

(3)「展望的視野」を持っている

「介入方針」「作業仮説の生成」「解決のための方針」「処遇方針」など、将来を展望して予見する視点を持っている。もちろん医学的「診断」においても、診断に基づいて病因が同定され、治療方針が決まり、期待される効果を予見するということは同じであろうが、心理臨床における展望的視野は、問題自体がその方の生き方に関わるために、相当長期的なものにならざるを得ず、かつそのクライエントや家族の価値観に関わる部分まで含むことになる。

それは、ある意味では「解決」や「正解」のない「期待」であり、それをクライエントと支援者が共有しながら、進んでいくことに心理臨床の特異性があるのではないか。

(4)アセスメントを「過程」として捉えている

一時的、短期的なものではなく、支援の経過の中に位置づけられるものである。臨床の場によっては、集中的にインテーク面接をし、心理テストなども行ってアセスメントをして、それを根拠に一定の支援プログラムに乗せるという方法を採用するところもあるが、多くの場で、臨床的アセスメントは支援が続く間は継続的に行われるものと理解できる。大筋のケース理解と方針は決まっていても、今ここで向き合っているクライエントに対して、どのような言葉を選んで応対するかということは、刻々のアセスメントによるものである。終結の瞬間にも同じことが必要なのは間違いない。

その意味で、現在では、アセスメント過程と治療（支援）過程は不可分のものと考えられている。

三 「自分」を捨象した臨床心理アセスメントはない

このように、臨床心理アセスメントの特徴を見てくると、一つの重要なことに気づかされる。それは、このアセスメントでは、支援者側の「自分」というものがどうしても関わってこざるを得ないということである。

純粋に技術的な支援とは異なり、人と人の「信頼」を基礎としながら、その人間関係を糧《かて》（もしくは一つのツール）にしながら進行する支援関係では、支援者側が無色透明で居続けることは（それを理念型として希求するとしても）究極のところでは不可能である。だから現代の心理治療論では、無色透明であることを前提とするよりは、自分の色をきちんと自覚し、ある意味では活用しながら関わっていくのが望ましいとされている。これはアセスメントについても同様である。クライエントの抱える問題の困難さに圧倒されて無力感に立ちすくみ、クライエントの言い分に嫌悪感を感じないではいられない、あるいは、とにかく放ってはおけないという気持ちに突き動かされる、といったことは臨床の場では決して珍しいことではない。もちろん、こうした心情にただ流されて必要な分析、理解ができなくなるのでは専門的アセスメントはできない。なぜそうなるのか、そんな気持ちにさせられるのかも含めて、踏みとどまってアセスメントできることが意味のある臨床的アセスメントになるに違いない。往々にして、支援者が専門用語を使ってレッテル貼りをしたくなるのは、どこかで追い詰められて無力感をもったときの逆転移のためであることが珍しくないように思う。

臨床的アセスメントでは、クライエントに関する展望は、援助者である「私」の希望や期待と表裏一体になっている。クライエントについて良好な展望を述べる場合には、私たちは自分ができる（行いたい）最善の支援努力を前提に述べることが多いし、逆に厳しい展望を述べる場合にも、それはどこかで自分に可能なことを基準に述べることになる。展望を示すことは、その展望のある部分を引き受ける覚悟に裏打ちされて、本物の希望や展望になるのが臨床というものである。だから、支援を他の人に委ねる場合には、この「自分の「希望」の部分も自覚的に伝える必要があるし、自分の「希望」がアセスメントに込められている限りで、その後についても「責任」を持つ姿勢が倫理的にも望まれるだろう。だから、臨床的アセスメントにおいては、自分を枠外に置いて「後はよろしく」ということはあり得ない。心理臨床の場では、他のクライエントから他所の専門家の否定的情報を聞かされることが少なくないので、差し引いて受け止めるべきではあるが、それでも、「初めて会った人に、しかもその後の関わりに責任を持てないところで、こんなことを言ってしまうのか」と驚かされることがある。クライエントに自分の見立てを伝えるときには、そのことにどこまで責任を持てるのかを考える必要があろう。

アセスメントというと、専門的で客観的であるように誤信しがち（もちろん少しでもそのようであろうという努力は怠ってはいけない）だが、こうした「自分」の主体的関与についての自覚は、臨床領域では極めて重要だと考える。

四　臨床心理アセスメントの流れ

上に述べてきたような心理臨床家の判断の「主体性」は、もちろん「闇雲に」「直感的・主観的に」やるということでは決してないことは言うまでもない。実証研究に基づく知見や蓄積された臨床的知見と、今、ここで自分が選び取る理解・解釈とは常に行き来しあい、裏打ちしあって進まなければならないものであろう。この点、いささか古い文献ではあるが、コーチン（Korchin, S.J., 1976）が著書の中に引用しているサンドバーグとテイラー（Sundberg, N. & Tyler, L.E., 1968）の図式がよく表現していると思われるので引用する。ここでサンドバーグらは、臨床アセスメントの各段階に含まれる二タイプの活動を明確に抽出している。図の中の角のある長方形で囲ってあるものは客観的活動であり、長円形で囲ってある活動は、臨床家の解釈、仮説、判断を示している。コーチン

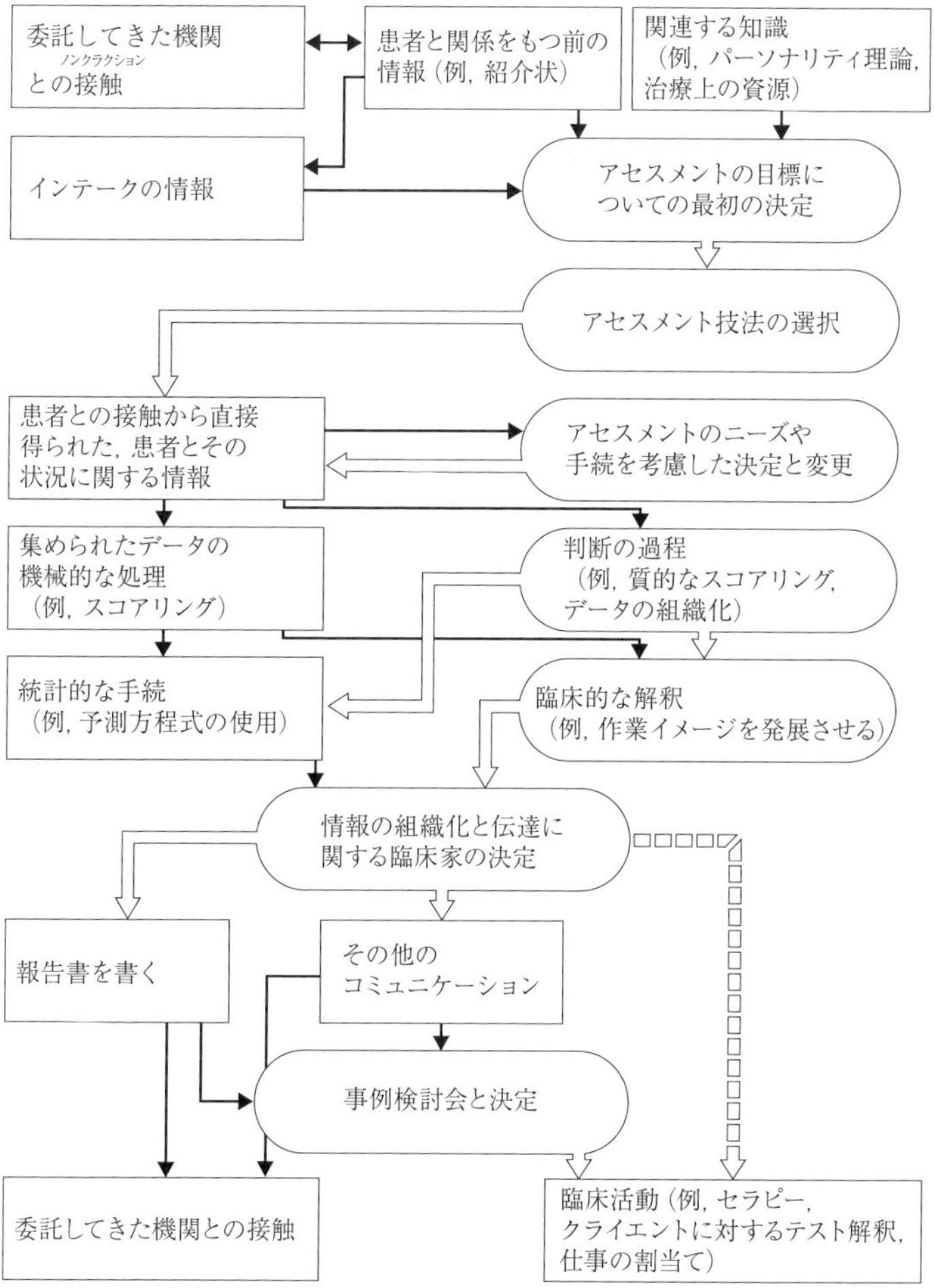

＊ Sundberg. N, & Tyler, L. E. の『臨床心理学』より転載。New York: Appleton-Century-Crofts, 1962, P.87. Reprinted by permission of the anthors and Prentice-Hall, Inc., Englewood Cliffs, New Jersey.

図　臨床的アセスメントの流れ

は、「この図式から明らかに言えることは、臨床的な解釈があちらこちらに顔を出していることである」「すべての段階において、賢明で思慮深い決断が必要なのである」と述べ、「技法の改善とか統計的な分析や予測をより良い形態にすることは、継続的なアセスメント研究で追求すべきことであるが、それらは究極的には、臨床家が思考し行為決定する際に、利用されるべきものである」と主張する。

この図式は、おそらく図式化の都合上（もしくは時代的違いもあろう）、アセスメント所見の提出、治療開始を終点にするものとなっているが、先に述べたように、このような二タイプの活動の間のやり取りは支援過程を通じて行われていくものと考えられる。そして、支援の過程においては、長円形の側の活動に対置する長方形の側の活動は、クライエントからの直接的情報収集が中心になっていくだろう。

五　臨床心理アセスメントとアセスメントツール

臨床心理学の歴史の中では、精神医学領域、教育・福祉領域、司法領域などの時代的トピックに沿って、心理テストを中心とするアセスメントツールや技法の研究が発展してきている。近年では、発達障害研究の進展に伴い各種のアセスメントツールが関心を集めている。このようなアセスメント技術の発展は貴重なものであり、それが臨床判断においても重要な知見を提供してくれることは間違いない。

他方で、アセスメントツールの基礎研究では、ある特徴Aが、非臨床群では数パーセントに過ぎないところ臨床群では数十パーセントに上るとか、特徴B、C、Dを満たすものは将来的にある臨床群に該当する可能性が九〇パーセント以上になるといった記述の形をとることがあるが、これはあくまで、何百人、何千人の中での確率論的な予測値であることに注意する必要がある。

実際、私たちが、心理臨床において出会う人々は、一般の人の中でごくわずかしか経験しないようなことを経験している人であることが多い。しかし、私たちが心理臨床家として、それらの人々と関わるのは、九十数パーセントの悲観的予測によってではなく、数パーセントの可能性を探すためである。もちろんこの九十数パーセントの意味は重要であり、十分に認識し、評価する必要があるけれども、数パーセントの細い道筋をいくつも辿りながら〇点何パーセントかの可能な目的地に到達しようとするのが心理臨床という営みなのではないか。ここでのアセスメントは、当然のことながら、〇〇障害のアセスメントツールや〇〇特性のアセスメント法といったものとは、かなり意味の違うものになる。それは、ある特性、特徴のありように加えて、その特性、特徴をその方自身がどのように受け止めているか、その特性は環境との間でどのように表現されてきたのか（あるいはされなかったのか）、この先どのようにしていきたいか、そのことはその方の社会環境やこれまでの経緯との関係でどんな意味を持つのか、などがおそらく重要な意味をもってくるだろう。つまり、臨床の場でクライエントと出会い、関わる際には、その人の生活と人生の総体を、歴史性と社会性の文脈の中で理解し、一人の他者として腹に落ちる形で「わかろう」とすること、そして人生の一時期を共に歩もうと考えるために必要とされる「見極め」にこそ、臨床アセスメントの本質的意味がある考えるのである。

組織的、多面的なアセスメントを行う場合であっても、最後のところで「この人のことをもっと理解したい」「一緒に頑張っていこう」という意欲や気持ちを持ちうるかどうかは臨床活動において本質的に重要なことであると考えている。

本書では、アセスメントにおける「主体的」判断の部分に注目していきたい。

文献

馬場禮子（2003）「臨床心理アセスメント（1）総論」馬場禮子編『改訂版臨床心理学概説』放送大学教育振興会

袰岩秀章（1997）「臨床心理学査定」平木典子・袰岩秀章編著『カウンセリングの基礎―臨床心理学を学ぶ』北樹出版

伊藤直文（2012）「よみとりの視点、伝える工夫―臨床心理アセスメント私論」村瀬嘉代子・津川律子編　臨床心理学増刊第４号　事例で学ぶ臨床心理アセスメント入門　28-34.

Korchin, S.J.（1976）Modern Clinical Psychology. Basic Books.（村瀬孝雄監訳（1980）『現代臨床心理学―クリニックとコミュニティにおける介入の原理』弘文堂）

下山晴彦（2003）「アセスメントとは何か」下山晴彦編『よくわかる臨床心理学』ミネルヴァ書房

下山晴彦（2008）「心理アセスメントとは何か」下山晴彦・松澤広和編　こころの科学　実践心理アセスメント―職域別・発達段階別・問題別でわかる援助につながるアセスメント　2-8.
津川律子（2009）『精神科臨床における心理アセスメント入門』金剛出版　改訂増補版（2020）

第二章　臨床心理アセスメントの諸相

前章で、臨床心理アセスメントについての基本的考えを述べたので、この章では、もう少し具体的な部分に触れておきたい。ただし、本書はアセスメントの中で技術論や方法論が届きにくい部分を考えることを目指しているので、その辺りは大枠の記載に留める。

一　アセスメントの枠組み

臨床心理アセスメントにおいては、事例理解のための臨床的理解の枠組みが必要である。これには、「枠組みが固定観念を生じる」という異論もあると思われるが、人が一切の枠組みなしに物事、とりわけ人間的事象を認識できると想定するのは現実的ではない。逆に、一定の枠組みを持っていることで、ケースに関わる過程で助けられることも多いだろう。

ここで「枠組み」という言葉で指しているのは、例えば、ＡＳＤやＡＤＨＤの診断・評価に関わる各種アセスメントツール等で用いられるような精緻に焦点化した枠組みではなく、そうしたツールや心理テストから得られた知見も含みつつ、事例と事例性の総体を視野に入れる枠組みである。いわば臨床的な目の付け所に関する包括的リストのようなものである。

こうした枠組みは、理論的立場によって当然に異なってくるので、その詳細は、それぞれの専門書に譲るが、力動派であれば、力動的人格理解に資する要因を探るために、クライエントの家族や生活歴、環境の情報を重点的に収集するだろうし、認知行動派であれば、数多くの情報の中から、「心理的・対人的・行動的問題を引き起こす要因、促進する要因、維持する要因」を抽出し、問題を生じる認知行動理論的な因果的理解を作業仮説として導き出すケースフォーミュレーションの枠組みということになるだろう。この枠組みは、臨床の場が違えば、力点も変わってくると考えられ、津川（2009）は、精神科臨床における心理アセスメントの六つの視点として、Ⅰ トリアージ、Ⅱ 病態水準、Ⅲ 疾患にまつわる要素、Ⅳ パーソナリティ、Ⅴ 発達、Ⅵ 生活の実態、を挙げ、それぞれについて詳述している。他の領域でも、それぞれの領域で必須の情報を組み入れて、実務家が共有している枠組みがあるに違いない。

表1に挙げたのは、私自身が家庭裁判所の家事事件担当者として仕事をしていた三〇歳代はじめの頃に、当初はコーチン（1976）の記述を下敷きに作成し、その後、笠原嘉（1987）や小倉清（1984）の知見を組み入れたり、自身の経験から大切と考えたものを加えたりして作っていたものである。

表1　事例理解の一般的枠組み

1　どんな問題か？
　a　表にあらわれた問題は何か　〈本人・家族・社会〉にとって
○b　問題にしたのは誰か？　誰が困っているのか？
○c　本人は何に困っているのか。悩んでいるのか。
○d　現在の間組（障害）への本人のイメージは？
○c　臨床的支緩についての本人のイメージ，期待，動機。

2　どんな人か？
　a　身体的，生物学的特徴　　　　　　容姿，健康，活力など
　b　表にあらわれたパーソナリティは　気質，性格，対人行動，態度
　c　パーソナリティの力動，構造，病態水準
　　　　　　自殺機能
　　　　　　　　不安のコントロールと表出
　　　　　　　　怒りのコントロールと表出
　　　　　　　　愛着と性愛のコントロールと表出
　　　　　　防衛機制
　d　ストレスの表現言語（体験）化×行動化×身体化
　e　生活史上のつまずき体験，挫折，傷つき
　f　知的能力，効率
　g　趣味，楽しみ（生きがい，支え）
　h　心理的健康度　相対的な視点　バランス
　　　　　　　　開放性　←→　閉鎖性
　　　　　　　　不変性　←→　可変（柔軟）性
　　　　　　　　現実性　←→　空想性など
　i　援助的関係に対する反応性　　疎通性，対人的信頼の形成可能性

3　どんな状況か？
　a　家族の状況　　　　　家族のもつ価値観，社会経済的位置
　b　本人と家族との関係　個々との感情関係，経済的関係，誰と似ているか歴史的関係，遺伝的関係など
　c　職業，学業の状況　　客観的達成，主観的達成（本人の満足度）
　d　本人の経済状況

e　集団所属　　　　　　所属集団，友人関係
f　地域，環境，援助資源など

4　何が現在の課題（危機）か？
a　現実的課題
b　個人の発達的課題　　人生のどんな局面にいるか
c　家族の発達課題

5　本人の人生への希望は？
○a　本人はどうしたいか，どうなりたいか．
○b　彼を支えているイメージ，経験，モデルは？
○c　今の問題が解決していく道筋に関するイメージは？

6　援助の方針は？
○a 本人や家族の期待している処遇，援助は？
b 心理的，社会的に望ましい帰結は何か？
c 利用可能なこと，もの（資源）
d そのために今できること（可能な介入）
c 中・長期的見通し

夫婦関係や親子関係などに関係する紛争当事者を対象に臨床を行っていたときのものなので、極めて包括的で、対象者の人生課題に関わるような視点を含んでいる。こうした紛争当事者は、それぞれのストーリーを高い熱量で語り、こちらを引き込もうとする部分があるので、話を聞いているうちに「納得させられて」しまい、自分の盲点に気づかないことがあった。そこで、このリストをA4一枚に印刷して机上に置き、行き詰まったときなどに参照すると大いに役に立った。

その後、外来で幅広い人々を対象に、カウンセリングをするようになり、日常的にこうした枠組みを参照することは少なくなったが、現在関わっているようなケースのアセスメントにも役立つものと考えている。

なお、項目の前に○印がついているものは、本人や家族がどのように語るか、捉えているかを直接聞いておきたい項目で、他はさまざまな情報から主に臨床家側が認識し判断する項目である。

二　心理支援の諸段階のアセスメント

第一章に述べたように、アセスメントは援助過程を通して必要な作業である。ここでは、援助過程の諸段階でどのようなアセスメントが必要になるのかを概念的に表（表2）に整理してみた。もちろん、援助過程自体が常に同じような段階を踏んでいくとは限らないし、それぞれの段階でこのようなアセスメントが可能とも限らないので、一種の理念型（手がかり）として見ていただけたら

表2　心理支援の段階とアセスメント

	ケース理解のアセスメント	支援関係のアセスメント
初期	①基本情報の収集と評価 どんな問題か どんな人か 活用できる資源　等 **「見せているものと隠しているもの」** そのメカニズムの理解	①支援対象者はどのような対人関係の持つ人なのか。 ②援助者と生産的関係を持てそうか。 ～共感への反応，関係の安定性， ③援助的関係の目的の共有が出来るか。
中期	①理解のフィードバックと共有 →小さな変化への気付き あらたに明かされる情報 **「意外性」「発見性」** ②何故あらたな情報が見つかったか。 ～クライエントの変化？ 周囲の変化？ 援助者の働きかけ？	①クライエント－援助者の関係は，安心で防衛的構えを解きうるものになっているか。 →クライエントの世界の自在な展開 関係の中でこそ見いだされる発見 「発見」と楽しみ，共に喜べる関係 「共同作業」感が持てているか ②クライエントの「能動性」，関係の「対等性」の増大　　〈後期に向けて更に〉 ③適度な緊張感と距離感を保てているか。 専門職としての「信頼感」
後期	①クライエントの変化の共有 主訴に関する認識の共有 **「納得感」「腑に落ちる感覚」** ②環境，状況の変化， 状況への認識の変化　等 ③行動変化への準備性の評価	①達成してきたものを確認，共有できる関係ができているか。 ～支援者が先走って，クライエントに抵抗が生じていないか。 ②「終結」に向けての意識が共有できているか。 「別れ」への双方の態度
	クライエントの自律性の評価	

と思う。

その際、「ケース理解のアセスメント」と「支援関係のアセスメント」に分けて記述しているのは、私たちの心理支援の営みが、援助者の人格的関与を伴うものであることから、「対象化して見る」部分と自らを含めた「関わりを見る」部分が常に両輪となって進まなくてはならないと考えられるからである。

この表については、見ていただけば意図は概ね理解してもらえると思うので詳述を避け、必要と思われるところのみ説明しておきたい。

1　初期段階について

「ケース理解のアセスメント」は、表1に例示されるような全体的な情報収集が必要になる。ただ、集まった情報からだけケース理解を組み立てるのは危険である。何が足りないか、そして何故足りないのか（クライエントに見えていないのか、あるいは隠しているのか）を考え、この先の課題として頭の片隅に置いておくことが大切である。

「支援関係のアセスメント」では、クライエントがどのような対人関係を持ちうる人なのかが基本的に重要で、それは意味のある生産的支援関係が持てるかにも関わる。例えば、受容、共感的関わりの中で自己理解を深めて自ら変化していく人もいれば、情緒的な交流は苦手だけれども、本人の困惑はあり、教育的働きかけを通じた「学び」によって課題を克服していく人もいる。また、そうした何らかの生産的関係を安定的に保てる人であるか否かの見極めも、初期段階で重要なことである。

2　中期段階について

中期段階でも、もちろん初期段階で不足していた情報の補充は適宜続くことになるが、「ケース理解のアセスメント」では、すでに得ていた情報や理解について、小さな変化に気付き、それをクライエントにフィードバックすることを通じて、さらに明らかになる事柄を積み重ねていくような作業が重要になる。このためには、小さな変化に敏感に反応できる感性が必要なので、理論的、概念的理解への囚われはむしろ妨げになる可能性があることは自省しておくべきだろう。こうした気付きが、お互いの中で「意外性」「発見性」を伴って現れることが大切で、ある意味で、「驚き」を伴った「喜び」の感覚が生じるようなものでありたい。そして、援助者にとっては、その「発見」がどのように可能になったのかも評価しておくのが良い。それは今後の支援に必要な情報となっていく。

「支援関係のアセスメント」の、①は説明を要さないだろう。「共同作業」の感覚が持てるようになると、②に示したようにクライエントの「能動性」が増し、関係はより「対等」なものに近づいてくる。この過程は、終結まで継続していくのが望ましい。他方で、より対等になりつつも、適度な緊張感が保てていることが「専門的」支援関係には必須であり、これは、適切な距離感、治療構造などの議論に連なるものである。

3　後期段階について

「ケース理解のアセスメント」における「変化の共有」は、中期段階における「小さな変化」とは異なり、主訴に関係するようなクライエントの変化を評価し、その認識を共有していくことである。ここでは、その変化が自らの達成としてクライエントの腑に落ちる「納得感」が、大切な目安になる。こうしたクライエントの変化に対応した周囲（環境）の変化も共有し、クライエントにとってそれらがどのように見えるようになったかも確認していく。少々大げさな言い方をすれば「生きる世界」の変容とその認識の共有である。そして、この段階で重要なのは、クライエントの現実的な行動変容の可能性、潜在力のアセスメントである。これはクライエント自身の準備性と同時に、行動を変化させたときに、周囲にどのような影響があり、どんな困難が生じ得るかの評価も含んでいる。

この段階の「支援関係のアセスメント」では、達成の共有が無理なく、歩調があった状態でできているかが重要であろう。そして、終結への態度は、クライエント、支援者の双方に極めてパーソナルな葛藤を生じることがある。「別れ」や「分離」が苦手で、いわば未練がましい態度をとってしまったり、逆に苦手である故にことさらに冷淡な姿勢を取ってしまったりすることである。こうしたことを自覚しながら、クライエントの今後にとって「よき別れ」を行うためのアセスメントが必要である。

これらのアセスメントは、最終的に支援関係を「卒業」していくクライエントの「自律性」を保証するために役立つものと考えられる。

三　アセスメントの多層的構造

アセスメントを臨床的文脈の中で幅広く捉えて考えていくと、臨床家側のアセスメント行為にも多層性があることがわかってくる。次にそのイメージ図を示す。

1　狭義のアセスメント

私たちが、普段「心理アセスメント」という言葉で表し、意識的に考えているのは、この図の「狭義のアセスメント」の部分に相当し、これがフォーマルなアセスメントにほぼ相当すると言って良いだろう。一定の手順にしたがって多くの情報を収集し、必要なものを抽出して、意味づけしつつ、ケースの全体像を組み立て、方針を立てる。この中には、文書資料や観察や心理テストやアセスメ

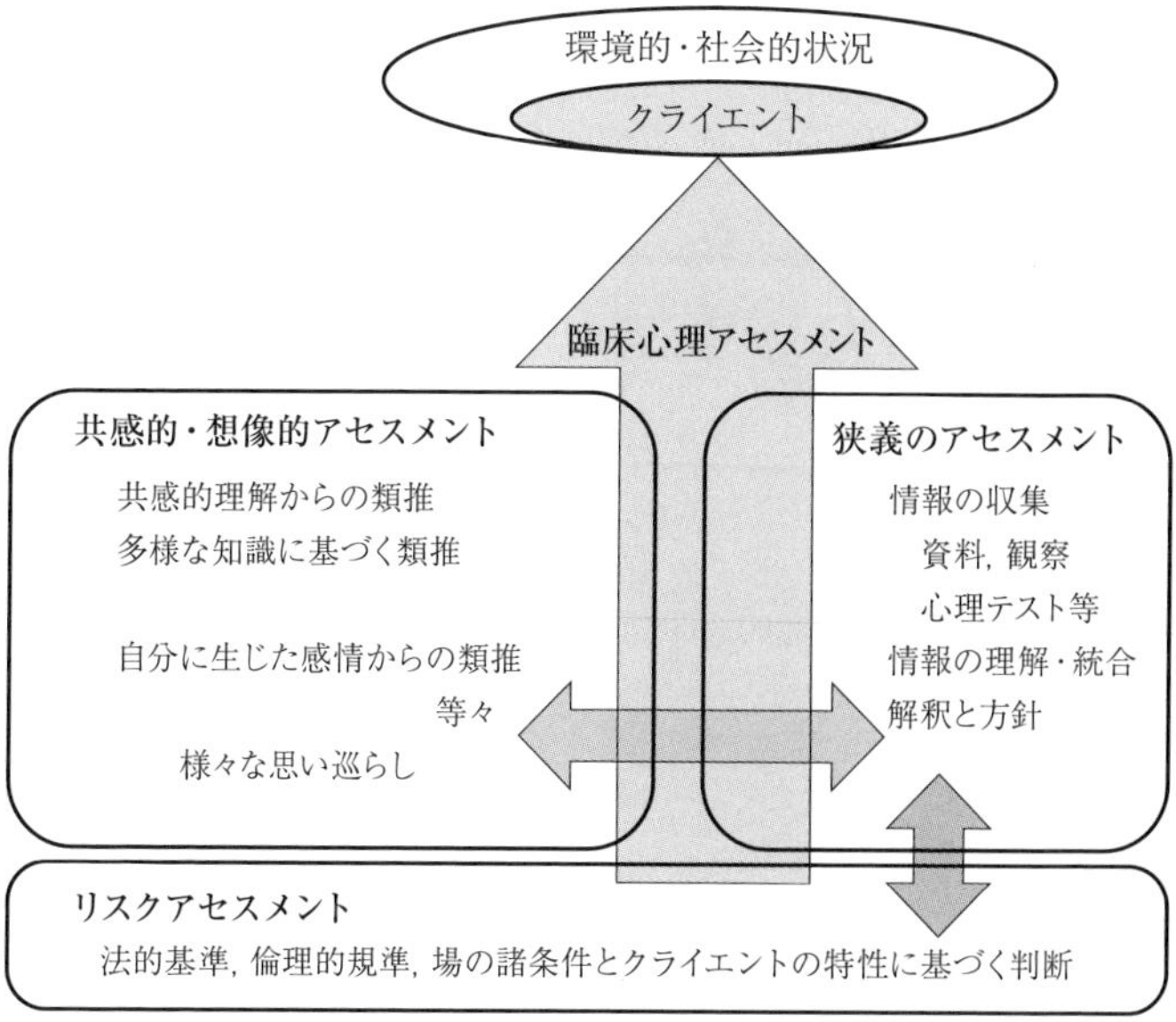

図　アセスメントの多層的構造

ントツールからの情報も含まれる。おそらくインテーク面接や初期の面接では、狭義のアセスメントの部分が前景にでているに違いない。これについては、前章で述べたので省略する。

2　共感的・想像的アセスメント

アセスメントというとどこか客観性に強調が置かれがちのように思われるが、心理臨床的アセスメントにおいて「想像」（ただし、根拠のある）の果たす役割は極めて大きい（村瀬 2018）。

ここで強調したいのは、日頃アセスメントと意識せずに行っているけれども、心理臨床においては極めて重要と考えられる「共感的・想像的アセスメント」の部分である。これは便宜的につけた名称であり、「前アセスメント」とか「潜在的アセスメント」とかいう方が良いかもしれない。インフォーマルなアセスメントを多く含みながら継続的な臨床判断の元になっている部分だと考えている。現時点で厳密な定義ができるものではなかろうが、こうしたものの存在とその重要性を意識したいのである。

①「共感的理解からの類推」というのは、話を聞くうちに、相手の感情や状況に思いを馳せ、「それは確かに大変な思いをされたな」「苦労されたのだな」と「こんな思いをした人は相手のことをどう思うのだろう」「怒って当然と思うが、この人は怒っているように見えないのは、何故なのだろう」等々と臨床家は考え続ける。これらの問いには、直ちに答えが見つかるわけではないが、こうした問いを多く持ち続けることのできる臨床家はより細やかなアセスメントに到達できるだろう。土井（1977）が、「『わからない、不思議だ、ここに何かがあるにちがいない』という感覚は、もともと理解力の乏しい人には生じない」「この何かがわかる時、そして新しい視野が開かれる時、理解は一段と深まる」「要するに精神科的面接の勘所は、どうやってこの『わからない』という感覚を獲得できるかということにかかっている」と述べているものに通じるものと考えている。

こうした作業には、相手の「思いに添う」という側面と相手と自分をも突き放して「俯瞰する」側面の両方が必要であって、それこそが対人援助の本質につながる部分と考えられる。

②「多様な知識に基づく類推」も似たところがあるが、さまざまな「事実」の背景にある事柄を類推して、可能性を探るものである。例えば、「この人の住む辺りは、下町的人間関係の残るところで、およそこの人のあり方とは異質感があるが……」とか「一〇代でこの作家の作品を好むとは、ずいぶんと珍しい。誰かの影響か?」など、やはりさまざまな疑問が浮かぶには、地域性や作品等についての一定の知識があることが必要である。もちろん、臨床家の誰もが並外れた博識である必要はないだろうが、幅広い領域に関心を持ち、視野を広げていくことで、少なくとも「おや?」という違和感を持って調べてみることができる人間でありたい。

狭義のアセスメントにおいても、さまざまな「事実」的情報が収集されるわけであるが、それが単なる事実に留まっているのでは、生きたアセスメントにはならない。その「事実」が纏う意味の拡がりを感じ取り、共振することができる網の大きな拡がりがここで問われているものなのである。

③「自分に生じた感情からの類推」については、前章で少し触れたが、クライエントと会っていると、支援者にもさまざまな感情が生じる。ときには、どうしても怒りを抑えられないこともあるし、くどい話に嫌気が差すこともある。そこまで明瞭ではなくても、面接を重ねる内に段々気が重くなり、何か窮屈で押しつけられているような感覚になってくることもある。これらは、通常、ク

ライエント－セラピスト関係の治療的課題として論じられるものであるが、そこで生じている事柄をどう意識し、意味づけ、理解するかは、臨床的アセスメントの極めて重要な部分である。

さらに、「さまざまな思い巡らし」と書いておいたのは、これらに入らないけれども、支援継続の中で、私たちは本当に多くのことを考え、その中から、何かが浮かび上がってきて、アセスメントに繋がるということを繰り返しているからである。

ここでなされていることは、狭義のアセスメントにおける「作業仮説」「方針」よりも、さらに手前で行われる「思い巡らし」であり、これを通じてクライエントの話を受け止める器は大きくなりつつ、繊細化し、クライエントが面接の中で自身の世界を自由に展開する場を作るのに役立つ。その中から、いくつかのことがクライエントに問いかけられ、確かめられて、意味のある情報としてフォーマルなアセスメントの中に組み入れられていくと考えられる。

3　リスクアセスメント

これはあまり説明を要しないように思う。自分の所属する臨床機関で想定しているよりも重い病態のクライエントが来所したとき、別のところで社会関係のある人がクライエントとしてきたとき、司法手続に関わっている人の支援をしなければならなくなったとき等々、私たちは、狭義の臨床心理アセスメントとは水準の異なる規準に従って判断をしなければならなくなる。こうしたアセスメントを行うためには、制度や法律の知識、倫理的考察、極めてリアルな組織運営的センスが必要とされるだろう。また、こうしたアセスメントを行うには、知識、センスだけでは事足りず、心理臨床家に親しみのあるカウンセリング的態度に基づく面接技法とは異質の、「事実」重視で決断的な毅然とした面接技術も必要とされる。この部分は、残念ながら従来の臨床心理学教育では、わずかしか注意が払われておらず、心理職一般の弱点になっている。

心理臨床家の活動領域の多様性は年を追って増してきており、とりわけ公認心理師資格の成立によって、この傾向はより加速するものと考える。必然的に、一対一の面接を中心に据えた心理臨床モデルから、社会的文脈や役割を踏まえた活動モデルが必要とされている現状において、このようなリスクアセスメントに関わる知識と技法は一層重要になっていくに違いない。

これら「共感的・想像的アセスメント」や「リスクアセスメント」は、図中の両矢印に示されるように「狭義のアセスメント」との間で行き来しながら、「狭義のアセスメント」に取り入れられて、クライエントにフィードバックされると共に、それ自体独立して、クライエントに投げかけられることもある。その総体が、中央の上向き矢印に示してある「臨床心理アセスメント」ということになるだろう。

こうした様相の異なるアセスメントは、実際の臨床的活動の中では、渾然一体となって行われているものだろうが、ある程度区別して意識していることは必要だと考えている。その理由は、区別して見ることで、臨床家が自分の持ち味や弱点を意識することに繋がるからである。上述のように、私は多くの心理臨床家に「リスクアセスメント」を支える知識とスキルが低いことに懸念を持っている。また、これは指向性の問題かもしれないが、「狭義のアセスメント」に重きを置いて「共感的・想像的アセスメント」のことはさほど考えない心理臨床家と、逆の心理臨床家も、もちろんこれは相対的なものだが、確かに存在するように見える。どちらがいいとか悪いとは言えないけれども、こんな切り口から自分の臨床を振り返ってみるのも悪くないし、そうすることは自らの臨床の幅を拡げることに資するように思うのである。

四　人を「わかる」資質は？

臨床心理アセスメント、とりわけパーソナリティのアセスメントにおいて、心理テストなどの測定ツールの習熟は重要であるが、その結果を心理支援に活かすことができるか否かは、その結果をどう消化し、自らの対人理解として取り入れられるかにかかっている。

そのような意味での対人理解にあたり、それを歪ませる要因については、社会心理学の対人認知研究において古典的知見が述べられている。そこで挙げられるのは、初頭効果（強い第一印象の影響など）、ステレオタイプ、ハロー効果、論理的過誤（暗黙の性格理論）、憶測された類似性

（assumed similarity）、寛大効果などといったもので、その辺りに注意していると間違いの少ない対人的アセスメントができそうに思える。ただ、逆にどのような資質、特性を持つ人が、よりよい対人理解者たりうるのだろうか。これはとりわけ若い臨床家にとっては、大いに関心のあることなのではないかと思う。

多くの臨床心理学のテキストには、臨床家が自分の特性を自覚していること、臨床的援助過程における自分の感情に気づき、それ自体を考察の対象にできることなどが臨床的支援の展開、ひいてはクライエント理解に重要であることが記されている。しかし、この辺りの「治療論」的文脈を超えて、「どのような人が良き評定者たりうるのか」といった記述はほとんど見かけることがない。

そこで、この課題に言及しているコーチン（Korchin S.J., 1976）の記述を、いささか古いものではあるが参考にしたい。コーチンは、オルポート（Allport, G.W.）の「集団の平均的なものを予測する際の正確さは、個々の人物を予測する際の正確さとは、区別しなければならない」という提言を引きながら、「一般的な他者を判断する能力（ときにはステレオタイプな正確さと呼ばれる）と、個人個人のもつ差異に対する敏感さ（差異を見る場合の正確さ）とは、比較的関連がないことがわかっている。しかも一つの研究では負の相関さえ出ている（Stone, Gage and Leavitt, 1957）」と述べる。これは確かに注意しておくべきことのように思う。臨床家は、一般に対する知識（基礎心理学の知見）を利用しながらも、他方で個々の微妙な違いに敏感であろうとする。どうやら何らかの単一の資質が高いほどよいアセスメントの能力につながるというような単純なものではないようである。

コーチンは、オルポートの議論を下敷きにしながら、優れたパーソナリティ判断の背景には多くの資質が存在するとして、①個人経験の幅広さ、②類似性、③知能、④認知の複合性、⑤自己洞察、⑥社会的スキル、⑦距離を保てること、⑧審美的態度、⑨内面知覚性、⑩他者への配慮、⑪女性性、を挙げて概説している（⑨まではオルポートの挙げたもの）。

ここでは、これらの特性項目に沿って考えてみたい。

①個人経験の幅広さ――年齢、性別、社会的立場、多様な価値観の人々と関わった経験の厚みは、やはり多面的で豊かな見方を可能にするに違いない。それは、特定の立場への囚われも防ぐだろう。

②類似性――自分に似ている人のことは、わかりやすい。多様な経験を通じて、自分の中の多様な側面に気づいていることは、対象を理解する際に自分の中の類似した部分を活用しながら類推し、理解を深める作業ができやすいだろう。その意味で類似性は経験の幅広さの特殊形とも言える。類似性といっても、他者を自分と「同じだと思いたい」という気持ちから似たものとみるような態度は先述の「憶測された類似性」に相当するものになり、判断の正確性を阻害する。あくまで、現実に自分の中に存在する類似性の認識がものを言う。

③知能――情報を手がかりとして引き出す力，統合する力，経験を一般化し蓄積する力等々対人理解という複雑な情報処理には相応の知力は必要である。

④認知の複合性――白か黒か，好きか嫌いかといった単純な認知枠組みで対人理解をすることは，自分には単純で便利かもしれないが，他者理解の点からすれば極めて未熟な理解にしかなるまい。物差しを複合的にいくつも持って，さまざまな角度から見ることができ，その物差しの目盛りもある程度細かく分化していることは重要なことである。

⑤自己洞察――これは臨床の文脈で語られるものに近いものである。ある他者と会う中で自分に生じた感情や印象自体を対象化して見ることができると，それを手がかりとしてさらに気づきを生むことができるだろう。自分をよく見れば，自分の中にも多くの望ましくない部分があることにも気づくし，それは，他者の中の望ましくない部分をも冷静に見ることを可能にし，他者の複雑性を葛藤的にならずに受け入れ認識することができることにつながる。このことは，投影や偏見による過度の単純化，両極化も防ぐことになるだろう。

また，対人理解の歪みをもたらす大きな要素としては，「感情」「動機」の問題があるが，自分の中のそうした部分に洞察的に触れていることは，感情を動かされる場面が少なくない援助関係においては，とりわけ重要である。コーリィら（2003）が強調するように，援助専門職になる者は，この仕事に就きたいと思うに至った自らの「動機」を第一に自覚すべきであり，さもないと自分の「欲求」のために援助的関係を悪用することにもなる。

⑥社会的スキル——社会的スキルが高く、適応性が高い人は、情緒的に安定し、本来的な意味で自信があり、防衛的な決めつけや感情的色づけをしにくいという意味で対人認知は安定するだろう。また、持続的な人間関係（援助関係もそうである）を維持する力が強いことは、継続的関係の中でさらに新たな発見を重ね、理解を深める力を持っているといえる。

⑦距離を保てること——これは心理臨床における「適度な距離」の議論と同じもので、温かい人間的関係を維持しつつ、互いに自律的な他者性を保持できるような距離感を維持できる資質である。おそらくここには、全人格的に関与している自分をも客観視できるような視点を持つ能力が関わっている。

⑧審美的態度——少々聞き慣れない言葉だが、審美的（aesthetic）というのは、対象をそれの持つ固有のハーモニーを感じ取るように観る姿勢である。何事にもそのものの持つ固有の調和を感じとろうとすることは、本来あるべき調和の崩れにも敏感であり、わずかな変化や矛盾を見逃さない資質にもつながる。これは、知能や認知の複合性や経験の広さによるだけでは不足する部分を補う力を持つとされる。

⑨内面知覚性——一義的には自らの内面の有り様をよく知覚する特性であるが、それはそのまま他者の内面を共感的に看取できる特性にもなる。落ち込んでうなだれている人を見ると私たち自身

の身体の中にもうなだれているかのような感覚が生じる。逆にはつらつとスポーツをしている選手を見るときには私たちの身体の中にのびのびと力強い筋肉運動的感覚を感じる。私たちが他者の感情、気持ちを感じるというときには、実はこの自身の内面に生じる感覚を手がかりにしていることがわかっている。したがって内面知覚性の低い人は、他者の感情や気持ちを感じ取りにくく、高い人はその能力が高いと言えるのである。ただし、この力には危険性がないわけではなく、既述の知能、認知の複雑性、社会的スキル、自己洞察、距離を保てること、などが伴わない場合には、内面知覚を手がかりにした認識は独りよがりで客観性の乏しいものになってしまい、かつ内面を手がかりにしているだけに外部からの修正が効きにくい側面を持っている。

⑩他者への配慮——この「配慮」は、ロジャーズの「無条件の肯定的配慮」にも共通するRegardであり、温かく愛情ある関心を指している。他者のあり方を人として尊重する態度ともいえ、ありのままを見守る姿勢である。こうした他者尊重の姿勢は公平で歪みのない認知を可能にする。この反対は、他者を自分の目的のために利用する道具のように見做す精神病質者の姿勢であり、彼らの他者知覚が極めて自分中心で歪んだものになることは言うまでもない。

⑪女性性——男性に比して女性の方が対人認知において共感的で細やかであるとされる。それは、女性が、歴史的、社会的に果たしてきた子育て、家族・親族の関係維持などの役割から獲得した部分もあるだろう。反対に、男性は、課題達成的、競争的な状況で生きるために理性的、論理的

であることが求められ、情緒的な繊細さはむしろ邪魔なものとされてきた文化的経緯がある。そうした環境、状況は、偏見や過度に単純化された敵対的認知を持ちやすい条件になりうる。先進諸国では、徐々にこうした役割は相対化されて、子育てを中心とする人間関係への男性の関与が増す状況があり、ここで言う「女性性」は女性の持つ特性ではなく、より普遍的で適切な言葉に言い換えられるべきものになるだろう。

これらの特性をあげた、コーチン、オルポートの議論の焦点は、パーソナリティ理解の正確さであったことを考えると、これをそのまま臨床事例全体のアセスメント能力に結びつけるのは少々乱暴かもしれない。ただ、心理臨床における他者理解の資質を考える上では大いに参考になるものと思う。その上で、トータルな臨床事例のアセスメントにおいては、さらに社会（制度）的、歴史的、文化的な文脈をも読み取ることができる視野の大きさとともに、人の日々の営みをリアルに想像できるようなよき生活者としての経験的資質が必要と考えている。

もちろんこれらの特性、資質を完璧に身につけることは不可能に近いとも思えるが、有意義な支援関係をつくることのできる心理専門職に成長していくためには、折々に考えておきたい事柄である。

文　献

Corey, G., Corey, M. S. & Callanan, P.（2003）Issues and Ethics in the Helping Professions. 6th ed. Pacific Grove: Brooks/Cole. A division of Thomson Learning.（村本詔司監訳（2004）『援助専門家のための倫理問題ワークブック』創元社）

土居健郎（1977, 新訂版 1992）『方法としての面接─臨床家のために』医学書院

笠原嘉・近藤三男（1987）「心身症と身体表現性障害──精神医学の立場から」心身医学 27（2）; 117-122.

Korchin S.J.（1976）Modern Clinical Psychology. Basic Books.（村瀬孝雄監訳（1980）『現代臨床心理学─クリニックとコミュニティにおける介入の原理』弘文堂）

村瀬嘉代子（2018）「心理アセスメントが治療・支援に役立つために」村瀬嘉代子著『ジェネラリストとしての心理臨床家─クライエントと大切な事実をどう分かち合うか』金剛出版

小倉清（1984）『こころのせかい『私』はだれ？』彩古書房

津川律子（2009）『精神科臨床における心理アセスメント入門』金剛出版 改訂増補版（2020）

第三章　校内暴力中学生が「自分」と出会うまで

一　出会い

少年鑑別所でのA男との出会いは印象的だった。

A男は山間部に近い公立中学三年生の男子生徒、事件は校内で女性教員を蹴りつけて怪我をさせた校内暴力事件だった。A男の事件に先だって同じ中学の同級生B男、C男もそれぞれ別の対教師暴力事件で逮捕され、数日前に鑑別所収容され、私が担当していた。

近日中に彼らの中学校を訪問する予定だったので、その前にA男の顔も見ておきたいと時間を調整して二〇分ほどの面接をした。面接室に入り、事件のことは聞かずに「今、どんな感じしてる?」と問いかけると、「胸いっぱい。どきどきしてる」と本当に緊張しきった表情で答えた。そのまま聞いていると、自発的に、「自分はやり直したいと思っていた。それが手早すぎて……。自分ら、要するに調子づいちゃったんですよ。何をやっても先生たちチクらないし、暴力振るわないから……。甘えっていうか。やられる方になってみれば痛いし、とんでもない話。本当にバカだったと思う」と最後は鼻をすすりあげながら語った。

アセスメント――「今、ここで」にいられる力

非行少年は、初めて家裁調査官と会うとき、強がったり、逆に妙に下手に出てとり入る態度を取ったり、とにかく反省の態度を見せようとしながら、どこかでこちらの出方を見るような表情を見せることも多い。A男は、筆者を前にして、自分の今の心のあり様を、ほとんど独り言のようにボツボツと語って涙していた。筆者は、ここから「今の自分をそのまま感じ、味わうことのできる力」「率直に自分を開く力」を感じ、おそらくその力は、自分の体験を主体的に味わい、時間の経過の中で自分のものにしていく力と繋がっていると考えた。これはA男の大きな財産で、そのようにできる資質と環境資源も持っているのではないかと感じ取った。

こうしたA男のあり様は、社会経済的に恵まれない家庭に育って、必要な養育を得られておらず粗野でヘラヘラした態度のB男や中流の家庭に育ちながら非常に屈折した感情を秘めて絶えずイライラし、心ここにあらずといった風のC男とは大いに違っていた。

二　学校のA男評価

「何をやってもチクらない」とのA男の話が印象に残り、中学訪問前に調べると、その四月にそれまで教育委員会主任指導主事だった校長が着任していることがわかり、六月のこの時期に立て続けに生徒が少年鑑別所に入った背景に学校側の方針転換が想像された。

中学を訪問すると、門から校舎に向かう間に校舎の二階、三階から何人もの生徒が覗いてざわついている様子があり、校舎のあちこちに壊され応急修理された痕跡が見て取れた。

校長、教頭、学年主任、担任が待ち受けていたが、駄目なことは駄目とけじめをつけたかったという校長の少年たちへの見方は決して冷たいものではなかった。他方で、一五〇人ほどの学年に騒ぎを起こす仲間が二〇人近くいて、A男がそのリーダーだと学年主任、担任は語る。「A男は皆に怖がられている。話すと聞き分けの良いところがあるが、騒ぎになると、仲間を止めるようなことを言っておきながら、興奮してくると結局自分が先頭に立って暴れる。ずるく、裏表がある。多少なりとも向上心があるが、見栄っ張りで、程度を下げた勉強をしない」などと、A男こそが黒幕で、信用ならないという意見だった。

アセスメント――「矛盾」の力

日々、対応に追われてきた先生方の苦労を受け止めつつも、先生方の「ずるい」というA男評価には、そのまま同意できない思いが残った。そもそも今回の事件の調書を読むと、仲間にしつこくからかわれた女子生徒が泣いて女子トイレに逃げ込んでしまったのを、休み時間が終わり、このままではまずいと思ったA男が女子トイレの外から「もう大丈夫だから出てこいよ」と声をかけていた。そこを通りかかったベテラン女性教諭に「何？　女の子を監禁して！」と叱りつけられ、逆上して教諭の足を蹴りつけたというものであった。ここでもA男は、正しいことをしているつもりが誤解されたことに怒っている。どうもA男には、「正しくありたい」という気持ちがありながら、それを貫く力が不足しているのではないかと考えられた。

行動と言葉に矛盾があると、それはしばしば「ずるい奴」「裏表のある人」と受け取られることがある。しかし、思春期の子どもたちでは、統合し切れていない両面を、両方ともその子の「本当の」一面と受け止め、育てていく見方も必要である。人は、成長の途上、また大人であっても、離婚や親しい人との死別など人生の大きな転機に当たっては、矛盾した言動を取ることがしばしばある。そのようなとき「矛盾」はむしろ変化可能性の兆しと見て、経過の中で自ずと明らかになってくる道筋を支えていく方が得策であることが多い。

三　ここに至るまで

地元の古くから続く果樹農家で成人の姉、五歳上の兄の下に生まれた。健康に生育。農家は現在も元気な祖父母が営み、父は長く夜勤の仕事、母はパート勤務。小学校時代、後に仲間になる生徒にいじめられていたが、怠学など問題行動はなかった。ただ、上級になるにつれ、学業は遅れ気味。中一時は、小学校時代から非行のあったB男たちにいじめられ逃げ回っていたが、中二夏頃から次第に行動を共にするようになった。当時の三年生は、A男の学年よりも荒れていたが、学校側は黙認して卒業を待つという姿勢だった。目立ち始めたA男たちが三年生から丸太で殴られて怪我をすることさえあったが、三年生への強い指導がない一方でA男たちへの指導は厳しく教員からの体罰もあった。中二の二学期から授業からの抜けだし、暴力などがA男の学年でも顕著になり、一一月の対教師暴力事件で警察が介入、家裁送致されたが、A男は追従的関与のため不処分だった（B男、D男が保護観察処分）。その後表だった逸脱は目立たなくなっていたが、上級生が卒業すると一気に行動は激化し、対教師暴力、校舎破壊、授業中に窓から紙飛行機やトイレットペーパーを紙テープのように校庭に投げるなどの悪ふざけが日常化、学校は無秩序状態になっていた。

なおこの辺りの学校側の対応事情は、その後電話でやりとりできるようになった校長からの情報であり、A男自身は、ただ自分が悪いと言い、学校の非を一切口にしなかった。

また、校長によると、他の仲間と違いA男は下級生には決して手を出さないのと割と一人でいることもあるとのことだった。

アセスメント――「自分」の世界

三年生と教師集団の両方から抑えられていたA男たちの学年が、最上級生になって、一気にたがが外れた様子が読み取れる。A男自身は、実質的に二年生夏からの仲間入りで、その前はむしろいじめられる側。リーダー格だったD男に喧嘩して勝ったことから一目置かれているところがあるが、集団に染まっていない部分とA男なりのこだわりもあって、それが教師側の言う矛盾した振る舞いにもなっている様子である。集団に流されない「自分」があるように見える。非行少年において、このある種の「こだわり」（強迫性と表現する人もいる）は、一人でいられる能力にもつながり、立ち直りのための重要な要素と考えられた。

四　家　庭

父母を呼び出したが、父のみ来庁。父は自信なげで強い言い方ではないが、「A男は家では本当に良い子だし、学校は悪い子にばかり厳しい。皆そう言っている」と責任転嫁したい様子が明らか。最近まで十年来夜勤中心の生活で、A男との接触は多くなく、ピンときていない様子がある。「母は仕事の都合で来られなかった、家は平穏」と語った。

A男自身は、「父はあまりしゃべらないけどお酒を飲むと楽しい」と言う。母のことは「ひょうきん」と言い、どんなところと問うと「友達なんか来ていると踊りながら部屋に入ってきたりする」と少々不自然な話を絞り出し、聞いている方が苦しくなった。他方で「先生たちは家にも問題があると言うけど、そう言われるのは嫌。自分がこんなになる家庭じゃないと思う」と言い、続けて「祖母は毎日お地蔵さんに拝んでくれてた。そのお地蔵さんが俺をよくするために鑑別所に入れたんだと思う」と言う。

学校の情報では、父は影が薄く無力。母の方は出てこないが無理に来てもらっても、自分の苦労話などとりとめもなくまくし立てて帰ってしまうような人、雰囲気もかなり奇妙で役に立たないだろうとのことだった。

アセスメント――自分を支えるイメージ

面接時にバウムテストを施行した。未熟さが散見され情緒の伸びやかさには欠けるが基本的な偏りは少なく、自らの傷つきやすさにも気づいている少年と見られた。なにより、大変集中して自分のイメージを表現しようとしていたので尋ねると「祖父母が育てている果樹の木」とのことだった。お地蔵さんの話にしろ、祖父母に連なるものが、A男にとっての「支え」「守り」に繋がっているだろうと受け止めた。

在宅で指導することを考え始めていた私は、「自分の問題だ」とするA男の姿勢を尊重することにし、A男が現時点で触れたがらない母に面接することを敢えて見送った。

五　処分決定

A男は、少年鑑別所にいる間、一貫して自責的な姿勢で、「早く目が覚めれば良かった。先生が面会に来てくれた。先生は涙ぐんでた。自分も泣きたかったが我慢してた。自分は出られたら暗くしているしかない。突っぱっててもいいことない。就職したら、いじめた奴に逆に使われてしまう」「この先、世間から変な目で見られるのもしょうがない。バカな奴は鑑別所に入って格が上がったとか考えるかもしれないけど、自分は違う。何でどこからこうなったのかって、つくづく考える」など、面接のたびに語っていた。

「アセスメント」で述べてきた、今ここでの自分でいられる力、独特のこだわりの存在、落ち込む力（抑うつに耐える力）、支えイメージの一貫性に加えて、非行化が遅く、教師からの暴力被害経験も少なく、教師への直接暴力も少ないので、信頼回復がしやすいこと、知的にはＩＱ77と恵まれないものの前述の特性も相まって指導が入りやすいところがあること、少年鑑別所収容が大きな経験になっていることなどに加え、今後在宅で送致される他の少年たちへの波及効果も考えて、在宅試験観察の意見を提出し、継続指導することにした。

なお、数日前にB男、C男は初等少年院送致決定を受けていた。

六　試験観察の経過

卒業まで七カ月ほどの観察指導。ほぼ毎週面接し、学校とも適宜連絡、弛みが見えたときには、在宅送致された一〇人ほどの少年たちの情報収集を兼ねて学校訪問も行った。

最初の数回は、駅前で絡まれるのを恐れたA男の希望で父が車で送迎してくれた。「夏休み登校日に行った。テレビニュースにも出たらしく、皆の目が違う。先生は声をかけてくれた。まだ朝礼台を倒したりしている仲間がいるが、見て間違っているなと思う。気持ちが落ち着いてしまって、何を言われても腹が立たない。仲間が話しかけてくるが、鑑別に行かない奴にはわからない」など語る。別の回には、「仲間とは話さないし、普通の生徒は寄ってこないし、孤独にしているしかない。生きていくのが嫌になっちゃう。世間は甘くない。つらいですよ。皆つらいんだな……」など言い、ぽつんと「母がうるさい」と言うので、尋ねると「鑑別所なんかに行ったら、就職も進学もできないんじゃないかと繰り返し言われて嫌だ」と話した。学校が始まると、勉強が全然わからず座っているのがつらいと言うので、面接時に少しずつ勉強も見るようにした。簡単な英語などわかると実に嬉しそうな顔をする。

その後、「お母さんも連れてこようと思ったんだけど、仕事で……」という発言があったのを機に母の面接を行った。母は、実家で法事があった話から、「私の父は戦死して顔も知らない。私はずいぶん苦労した。上の子のお産のときに命が危なくなり病院通いが続いて、金がかかったことで舅からいろいろ言われた。小姑が三人いて……。この町は嫌な町ですよ」等々話し続け、一向にA男の話にはならない。表情、身振りが不自然に過剰でかなり奇嬌な印象の人で話していて苦しくなる。しかし、最後に「(A男が調査官のことを)いい人に会ったんだよ、と言ってました。よろしくお願いします」と言って帰っていった。

秋になり、授業に出ることも増え、「髪を黒くして、急に変わるのは恥ずかしかった」「真面目な子が呼び捨てにしてくれた。嬉しかった。少年院に行ったB男から先生に来た手紙を見せてもらった。文章とか字がちゃんとしていて驚いた」など。その後、やや弛みも見えてきたので学校側とも相談。必修クラブのソフトボール部に入れてもらい、受験モードになっている授業への参加がつらいときには、他クラスの体育の授業に参加させてもらうなどした。面接時には、話だけでなく、相互スクィッグルなどもしながら表現を拡げるようにした。意外に繊細でやさしい色使いに驚き、指摘すると喜んで、自宅でもピンクのかわいい目覚まし時計の写生を描いてきたりしていた。

年末には、試験に合格して調理師専門学校への進学が決まった。急に大人びた穏やかな顔になってきた。「まだ騒ぐ奴はいるけど、誰も駆けつけない」「今は仲間と同じと思われるのが嫌で、一人で登校している」「ソフトボールでキャッチャーをやっていたらズボンのお尻が破れてしまい、それでもやっていたら、チップのボールが顔に当たっちゃった。昔なら突っかかっていったけど、わざとじゃないし、笑ってた」などのエピソードを語る。

年が明け、「先生たちは二年の終わり頃からは変わったけど、それまでは暴力を振るったし、ずるかった。先輩に暴力を振るわれても自分たちが注意された。見放されたという感じもあって、自分たちが暴力を振るうようになった」と自発的にはっきりした声で話し始めた。私が「先生たちの問題を初めて言うね」と指摘すると、「鑑別に入ったときはつらくて自分が悪かったことばかり考えてた。でも今思い出して、こういうことがあってああなったんだなって考えられる。先輩からやられてもかばってくれなかった。でも今考えれば知らなかっただけかもしれない。とにかくいろんなことに腹を立てて、あの頃は心が開いちゃったって言うか、人から言われるとすぐバァーってなっちゃって。今は落ち着いていろんなことが考えられるようになった。自分は変わったと思う」など語った。また、別の回には、「母は嫌なことを言う。前は母にうるさく言われ、腹が立ったまま学校に行って先生に突っかかっていたりした。母は、掃除、洗濯とかいい加減で、真っ黒な水を使っていたりする。俺は自分でやってしまう」など語り、現実を見据える強さを感じ、この辺りで終局を話題にしておこうと考えた。「裁判所も終わりになる」と伝えると、下を向いてモジモジ、やがて涙をボタボタと落とし始め、「不安って言うか、八月から伊藤さんとやってきたから、心細いっていうのもあるし」と啜《すす》り上げながら話す。私からは、「大切に思ってくれるのは嬉しいが、人には別れが来る。でも、一生懸命大切に付き合った人は心の中に住み着いている。そんな人が心の中にたくさん住み着いている人ほど、いざというときに頑張りもきくし、豊かな生き方ができると思う」と伝えた。

この事例では、B5用紙で一週間分記載できるようにした日誌を課していた。毎日の枠には、起床、朝、昼、夕食、帰宅、就寝の時間を書く欄が作ってある。A男は、最初の内は時間だけだったが、秋頃から「ファミコンをした」などの簡単な記述がされるようになり、年明け位からは、一〇〇字余りではあるが、枠一杯に書いてくるようになった。「卒業近いし、調理師学校に行ったらちゃんとやらなくちゃあ。先生や父母には本当に迷惑ばかりかけた。おれは中学卒業したら親孝行するつもりだ」「家に帰ってきて風呂焚き（A男宅は薪風呂だった）をした。たまにはやってみるとさいこうに楽しいな。おばあちゃんが夕食のしたくをしているから、おれは風呂焚きをするのだ。たまには楽をさせたいからね。ひまさえあれば風呂焚きをするつもりだ」「家に帰る途中、おれは空を見た。星が出ていた。星を見ていると、美しくてすばらしかった。ろくでもないときは、なんともおもわなかったのにどうして？」「ぼくは寝ようとしても眠れない。おとうさんがいびきをかいているからさ。そんなおとうさんが好きだ。仕事して疲れているし、ぼくがめいわくかけないから、あんしんしてねてるのかな」「きょう五時頃雪がふってきました。雪を見ているうち、とりのうもうみたいで、きれいに降っていました」など。A男の世界が拡がり、みずみずしい感性が育ってきていることがわかる。

校長から電話連絡があり、「A男が仲間を抑えている。卒業まで何日もないんだとしきりに言い、仲間を誘って花壇の水やりなどしている。鑑別所に入ったことをよく受け取ろうとしきりにしている」とのこと。卒業式の二日後に最終審判を入れ不処分決定になった。

卒業から八カ月余りの年末に校長から電話があり、「少年院に行ったB男、C男が夏前に帰って来、二人とも土建屋に勤めたがすぐにやめてしまい、先輩や昔の仲間と暴走族まがいの集団を作った。A男もそれに加わったが、夏の終わりに抜けたいと言い丸坊主になってグループから離れた。その後は、すっかり落ち着き調理師学校に通いながら喫茶店でアルバイトをしている。A男がグループの中で一番よくなったようです」と伝えられた。

七　まとめ

この事例では、A男の「落ち込んでいられる」力に注目し、それを肯定して支持するアプローチをとった。その中で、彼自身が自分の中にある肯定的な資源を育てていったと言えるのではないか。筆者は、母のことも含めて、こちらから立ち入ることは極力避けていたが、年が明けて卒業と終結が意識されるにしたがい、彼自身が学校側の理不尽さ、母の否定的な側面など自発的に語ることを通じて、心に納めていくことができた。それに伴い、彼自身の周囲に対する繊細な感受性が花開くとともに自分が大切にすべきものが明確になってきたと理解している。

このような内面の変化を背景に、逮捕、少年鑑別所収容という外的な枠組み（規制）が徐々に内面化され、内的枠組み（自己統制力）として根付いていったものと考えられた。

詳細は記さなかったが、A男をはじめ十数人の生徒についてやり取りする中で、校長と適宜電話連絡を取り合う関係を作れたことが大きな力になったことは言うまでもない。

文　献

伊藤直文（1988）「校内暴力少年の事例」大正大学カウンセリング研究所紀要第一一号
Winnicott, D. W.（1958）The capacity to be alone. In: The Maturational Processes and the Facilitating

Environment. London: pp. 29-36, Hogarth Press.（牛島定信訳（1977）「一人でいられる能力」『情緒発達の精神分析理論──自我の芽ばえと母なるもの』岩崎学術出版社）

第四章　家庭内暴力中学生の親への援助

一　抱え込む母

中学三年のB男の家庭内暴力に悩む母が来談した。

抑制的な態度だが、心底疲れ果てた様子。B男の暴力の様子を語っては「何故？」と自問自答を繰り返し、大まかな経緯を聞き取るのに何回かの面接を要した。

専門職の父、パートの母、一歳年長の姉の四人家族。父は細かい性質で言葉が多く理屈っぽいが、自分では大らかな性質だと言い、不安になる母に「気にするな」と助言する。母は控えめで自信がないが、真面目で手が抜けず頑なな一面も見える。姉は中高一貫の私立高校在学、学業優秀で友達も多い。明るく甘え上手で家族の話題の中心である。

B男は、幼稚園時から一人遊びの多い子どもで、母は社交性がなく偏屈な自分の父親に似ているように思えて苛立つことが多く、つい友達の中に押し出していた。小学校に上がり、担任教師が非常に厳しい人だったことも手伝って、だらしない本人をカバーしようと父母で口うるさく注意するようになり、本人は萎縮してしまったと母は自省する。小学五年から登校渋りが始まり、六年時、母が父に本人のことを話していたところ突然怒りだし、母の腕に噛みついたことがあった。公立中学入学後、不登校傾向が強まり、二年生二学期からまったく登校しなくなった。背景には、部活でのいじめもあったようだと言う。

この頃から、「話をちゃんと聴いていない」など言っては、母の髪を引っ張る、噛むなどの暴力を振るうようになった。暴力は徐々にエスカレートし、母を自分の部屋に連れ込んでは殴る蹴るなどすることが週に複数回ある状態になった。同時に姉に対するヤキモチと嫌がらせ（姉の部屋のドア下の隙間につばを吐くなど）が始まった。父は、自分が入るとよけいに暴力がひどくなるからと介入しない一方で、解放されて戻ってきた母にB男とのやり取りを尋ねて「こうした方がいい」など意見を言うので、母はよけいにつらいと言う。母は精神的に不安定になり、精神科クリニックを受診したが、そこでの対応に傷つき、筆者の所属する研究所に来談した。B男が中三の秋であった。

アセスメント――暴力と家族の力

母は、心身共にかなり追い詰められており、集中的な支援が必要な状態と見られた。父にも不信感があり、孤立感を深めている様子があるので、調整が必要と考えた。他方で、父母共にB男をなんとかしてやりたいという気持ちがあること、姉が健全でB男にもはっきり物を言うが、それにはB男も反発せず、ときには一緒にTVゲームをして笑い合っている場面もあること、など基本的に健全な家族基盤が推察できるように思われた。

暴力は、この時期で身長が一七〇センチ余、体重八〇キロ以上になっていたこともあって、細身の母からすれば相当な恐怖であることは想像できるが、屈折した甘えの色彩が明らかに濃く、根底にB男自身の深刻な挫折と心細さがあることは容易に読み取れた。

こうした認識の基盤には、子どもによる家庭内暴力の生じる家庭には、この屈折した依存を受け止めるだけの「濃密な情緒的交流」（本城ら 1998）、もしくはその期待がまだ存在していることが多いという臨床経験があった。B男の変容には、親子関係、家族関係の調整が必要と考えた。

B男を直接の援助対象にすることは無理でも、こちらの存在を意識してもらうことは大切なので、あくまで母の相談という名目で、来所の事実をB男に伝えてもらった。

二　父母の協力関係つくりと対処方針の共有

筆者は、父にも来所を促し、母との合同面接を折々に行った。母は、自身の心細さと怖さを父に話し、「子どもの暴力」という父の認識とは異なり、ソファに座っているときに大きな身体でいきなり正面から抱きつかれるなど女性としての恐怖も伝えることができた。他方で、取り返しのつかない暴力沙汰になってしまうのを怖れて父の関与を避けているのは、むしろ母の方らしいこともわかった。また、母は、家族皆の着替えを揃えるようなことまでしている状態だったので、父に家事軽減の協力を求めたが、これもどちらかというと母の完璧主義のためであるらしかった。この辺りのことは、その後の母とのカウンセリングの中で扱っていった。

第一段階の指針として「とにかく暴力場面を避け、減少させること」を父母と決めて、迷ったときに参照できるように次のように文書化した。①暴力を生じる場面、やりとりを極力避け、暴力が始まったら迷わず逃げる。②母がB男につかまっているときは、頃合いを見て父が母に頼み事をするなどして、逃げるきっかけを作る。③B男に対して、母はもう少しはっきりと意思表示をする（その際、姉を見習ってストレートにすっきりと言う）。④今以上に暴力が激化するようなら家庭で抱えるのは無理と考え、入院させる位の覚悟をしておく。そのために一度父母で精神科に相談に行く。

父母は、精神科を受診したが、当面入院させるまでの決断はできなかった。ただ、基本方針を確認したことで態度が一貫してき、B男の暴力は目に見えて頻度が減ってきた。

平行して、筆者からは本人に手紙、はがきなどで接触を試みた。少しして、帰途にゲーム関係のグッズを見に行くという名目で、二回ほど母の面接についてきた。筆者とも二言三言会話をし、二回目には、母も交えて卓球をした。驚いたのは、成人以上の大きな体格にもかかわらず、ぽっちゃり体型に短パン、半袖Tシャツという小学生スタイルであったことで、母によれば通常の姿とのこと。目は暗く不安そうだった。

暴力の頻度が減り、母にもゆとりが見えてきたところで、第二段階の指針を「家族の風通しを良くする」と定め、共有した。両親には、緊急時の逃げ場の意味と家庭の閉塞性を破る意味を兼ねて、理解ある親族か友人に事情を打ち明けるよう勧めた。ここまで、父母は、誰にもB男の暴力の事実を話したことがなかった。母は以前から不登校の親の会に参加し、メンバーに経験を話す機会もあったが、暴力のことだけはどうしても話せなかったと言う。父母で相談した結果、意見一致したのが父の二〇歳近く年長の姉（伯母）で、子どもたちが小さい頃から可愛がってくれた信頼できる人ということだった。事情を聞いた伯母は幼い孫（従妹）を連れて訪ねてくれ、B男も伯母と話をし、従妹の遊び相手をするようになった。また、伯母に誘われ、母と共にB男まで観劇に行ったのは嬉しい驚きだった。

学生を紹介し、話し相手兼家庭教師として週に一回自宅で関わってもらうことにした。学生との関係は良好で、ゲームが中心だがよく話をし、時々は勉強もした。

母－B男関係の風通しを良くすることと父母間の会話時間を確保するために、父の健康診断をきっかけに、父母が成人病対策のためのウォーキングに毎晩出かけることも決めた。その際、必ずB男も誘い、断られたら父母だけで出かけるというルールにすると、数回に一回ついてくることもあったし、父母だけで出かけても文句は言わなくなった。母と父の意思疎通は格段によくなり、母もゆとりがでてきた。

他方で、何かのきっかけで「不安だ。不安だ」と言いながら母にしがみつき同じ布団で寝て欲しがる一方で、「違うんだ。違うんだ」と言いながら暴力を振るうことも依然としてあった。

アセスメントと対処——家族関係の調整

週一回の母のカウンセリングでは、母のつらさを受け止め、母自身がB男への自身の行為、考えをふり返り、暴力への過剰適応状態を自覚して現実感と自律性を取り戻していくことを支援しつつ、経過に示したような取り組みを父の協力を得ながら進めた。その背景にあった援助者側の考えを記す。

まず、我慢強い性格でつらさをあまり表現してこなかった母との面接を繰り返しているうちに、筆者には母の苦境への同情的感情が強烈に体験され、面接終了後に母を帰すことに苦痛を感じて、どこかに避難させることはできないものかと思案するのを止めることができなかった。自身の内心をふり返り、ケースの全体像を考えて、早めに父と連絡を取ることを決めた。父と面接し、更に父母の合同面接を通じて父母の関係を調整する立場を取ることで、援助者としての立ち位置を安定させることができた。

子どもによる家庭内暴力では、親の側に子どもを不憫に思う気持ちもあって、子の暴力や無理難題に親が過剰適応することで、余計に関係が歪んでいき、実はそのことによって、また子どもが親への不信感を強めることも起きやすい。まず、その歪みを親自身に認識してもらい、「一貫した態度」でいられるようにすることが重要で、そのためにはカウンセリングによる洞察だけでなく、具体的行動によって成果を実感することが役に立つ。「変化は可能だし、怖くはない」という体験である。そこで「暴力を回避する」「風通しを良くする」という行動指針を順に話し合い、実行してもらうことにした。

なお、この指針、手順は、家庭内暴力への対応においては、多くの事例に通用する基本的なものと考えている。父母のウォーキングは、風通しだけでなく、父母のコミュニケーションを正常化することにもなった。伯母、従妹との交流は、予想以上の成果をあげる一方で、B男の母へのアンビバレントな心情がより明らかになる一面もあったと考える。

三　高校進学と再悪化

高校進学はすると言いながら、自分では行動しないB男だったが、父母が奔走し、当日はB男自身もなんとか面接試験を受けに行って、不登校枠での高校進学が決まった。

その春休み、家族四人の合同面接を試みた。B男が得意だった卓球を筆者も交じってやり、本人も嬉しそうにしていたし、姉が「家族で遊ぶなんて本当に久しぶり！」とはしゃいでいたのが印象的だった。テーブルを囲んで、今一番欲しいものを紙に書いてみようと促すと、父と姉は即座にそれぞれ極めて現実的なことを書いたが、本人は鉛筆を握ったまま考えてなかなか書かず、母はそれを意識して待つ風情。B男が書くと母もさっと書いた。B男が書いたのは「金」で、父が「なあんだ金か。それはお父さんも欲しいな」と声をかけるとかすかに苦い顔。そこで、筆者がB男に「どういうお金？」と問うと「自分で稼いでみたい」と答えた。「それはいいね。大事だね」と言うと、わずかに「うん」と反応した。

高校は、意外にも順調に通って友人もできた。不良生徒たちから暴力被害にあったこともあったが、教師の仲立ちもあり数日で復帰することができた。

一カ月ほどすると、「自分はもう良くなった」と家庭教師も断り、母がカウンセリングに通うことを禁じたため、母は隠れて通所するようになった。時折暴力はあっても、立ち直りが早くなるとともに、「言語化することが増え、あれこれ心配して先回りする母に「そんなに追いつめないでくれ」など表現するようになった。この間、母が過労で倒れて一週間ほど入院したことがあったが、心配された父、姉との生活も大きなトラブルなく、乗り切ることができた。

しかし、単位履修には苦労し、補習、再試験などを重ねて二年に進級したが、まもなく登校しなくなった。登校できないと、朝起こしてくれなかったと母に責任転嫁し、荒れることが増えた。これに対しては、目覚まし時計をB男の部屋の外に用意し、母は言われた時間にB男を起こした後、再度五分後にセットして枕元に置くというルールを決めて、B男にも説明した。目覚ましが枕元で鳴るということは、その前に母が起こしに来た証拠ということである。これによって、起床をめぐるトラブルは少なくなり、やや平穏が戻った。

母は、カウンセリングの再開を本人に宣言した。

筆者は再三自重を求めていたが、夏前頃から、父母は次の進学先を求めて奔走し、通信制高校への入学を決めてきた。二学期から入学したもののまったく課題もやらず、母が焦って代わりに課題を取りに行くなどし始めるにつけ、再び暴力が激化。自室に引きこもるようになり、家族のたてる物音に敏感になって怒りを爆発させることが出てきた。

ここに至り、母の行動が結果的にB男を追いつめていることが面接の中で洞察され、学校その他、母がB男の肩代わりを極力しないようにした。B男が怒り、やむなく母が謝ると「謝ったんだから、ゲームを買え」と言いつのり、あまりのしつこさに買わされてしまうことがあったため、筆者の提案で、それまで渡していなかった小遣いを週単位で渡し、自己管理をさせることにした。また、居間にホワイトボードをかけ、家族それぞれが欲しいものができたときに、自分の区画に書くようにし、その後考えて不要になったら消すというルールを決めて、家族内で共有してもらった。B男の欄はどんどん一杯になるが、そのうち自分で一部を消すなどの変化も出てきて、母に絡むことは減った。

この頃、B男は、母に「お前、あそこ（筆者の面接）に行くと気が強くなって帰ってくるな」と言うことがあったが、「だから行くな」ということでもなかった。

アセスメント——課題の明瞭化

高校に通い始め、B男なりに回復したという思いがあったが、息切れしてきて再度の挫折にいたった。新たな高校を探す際には、父母が先回りして手を出し、B男に小学校時代からの過干渉を思い出させたのではないかとも感じたし、優秀な姉の大学受験に父母の目が向き始めたことも関わっているかもしれないと思った。問題は再発したが、父母ともにさまざまな対応策を試みることに躊躇がなくなり、前向きに取り組み、判断する姿勢ができてきた。

　B男の暴力、荒れが、再び出てきたが、以前の自他未分化で屈折した甘えから、自分の心を守るための内閉的色彩の強いものに変化してきていると考えていた。これには両面の意味があり、病的破綻の可能性も考えていたが、母とのやりとりなどから、母との境界が成立してきて、自分に目が向きつつある故の苦しさの表現と受け止めた。

　一年間高校に通ったことは、B男にとっては、相当に大きな経験で、無理をした部分もあったと見られたので、父母の家庭内での取り組みを支持しつつも、外に押し出そうとする父母の動きには危険を感じ、再三注意を喚起していたが、十分でなかった。

四　母の別居とB男の成長

秋も深まり、姉の大学受験を巡る話題も増えるにつれ、大きな爆発は少ないものの、B男の物音への過敏さが激化し、家族は息を潜めて生活する状態。ゲーム機の電源接触が悪く、ゲーム途中で切れたりすると、母に「謝れ！　とにかく謝れ！」と言って、母はよくわからずに謝らされ、ときに暴力もあった。大事なビデオ予約なども自分は一日中家にいるにもかかわらず母にやらせ、うまくできていないと母に当たり散らした。B男は家中に自分のものを置きっぱなしにし、勝手に片づけると怒るため、掃除もままならない状態で、家中が散らかり放題になっていった。

母は、姉から「お母さんって、これは譲れないってないの？」と言われたこともあり、「言うべきことは言わないと」「自分たちが普通の生活をすることが大事。このままでは奴隷になってしまう」と決心、父母が相談して、受験期の姉の勉強部屋と緊急時の母の避難先を兼ねてアパートを借りることにした。

年が明け、B男に突き飛ばされて母が肋骨骨折し、数日入院した。電話相談の中で、退院後も、最低三週間は帰宅しないこと、携帯電話にも出ないことを母と話し合い、父の了承もとった。母は、アパートで姉と生活を始め、B男は父と二人の生活。父からB男に、「お母さんは、暴力のために精神的に弱くなってしまい、一緒に暮らすことができない。また戻って欲しいのだったら、今は休ませてあげなくてはいけない。お父さんと頑張ろう」と伝えた。父との生活は、予想外に落ち着いたものとなった。父母と今後のタイムスケジュールを相談、別居三週間後に母が初めて帰宅。B男は、泣いて「帰ってくれ」と懇願したが、母はあらかじめ決めておいた通り、夕食の支度だけをして二時間で帰った。一〇日毎に二時間程度帰宅するうち、B男は母の手伝いをするなどして安定化。姉も家に立ち寄り、B男もそれを喜んだ。二カ月後からは、母は不定期に予告なく帰宅するようにし、B男もそれを淡々と受け入れるようになった。毛嫌いしていた父との交流も増え、一緒にスポーツ観戦に出かけたりもしていた。四カ月半後、母らが帰宅。母は、助けてくれないと割り切れない思いを抱いていた父に感謝を表明するようになり、また、自身の父親への受け入れがたい気持ちとB男への気持ちの関係についてもあらためて洞察を深めていった。この頃、B男も「俺も研究所に行こうかな」と言うことがあったが、実際に来ることはなかった。この間に姉は無事に大学に合格した。

その後は、ときに感情の爆発と軽い暴力はあったが、母が動揺しなくなり、疲れたときには借りたままになっていたアパートに泊まりに行ってやり過ごした。母とB男も率直な会話が可能になり、互いの不平不満を言い合えるようになるにつれ暴力の気配もまったくなくなって、家も片付き、物音への過敏さもなくなった。半年後アパートは解約した。

更に半年ほどして、B男は昔の友人の誘いでアルバイトを始め、大学生を中心に複数のバイト仲間が出来、交流するようになった。自信がついてくると、父母に進路相談もし、大検受験の上、進学しようかとも言い始めたという。

治療目標の一つとして父母と話し合っていた「家族と冗談を言って笑いあえるようになること」が実現し、まだ将来の心配はあるものの、終結とした。

数カ月後の夏休み、この間の気持ちを話したいと姉が訪ねてき、苦しかった心情を語り尽くしていった。母からも半年余り後に連絡があり、B男はアルバイトを熱心に続け、元気に生活していると報告があった。

五　まとめ

子どもの家庭内暴力の事例では、子どもへの直接支援ができることはむしろ少なく、親を通じての介入になることが多い。筆者は、暴力事例の援助指針として、①親への支持と安全確保、②現実感の回復、③自律感の回復、④家族の閉鎖性の解消（風通しをよくする）、⑤子への対応の一貫性を取り戻す、⑥家族内ストレスの総量の軽減、を念頭においている（伊藤 2005, 2006）。この事例の支援においても、これらの指針を実現するための具体的工夫が課題であり、父母と話し合い、提案もしながら、生活の中でこれらが実現できるように試みた。その意味では、心理治療的というよりは、現実的なケースワーク的介入法とも言えるが、それぞれの介入の基盤には臨床心理アセスメントに基づく判断が必須であったと考えている。間接的ではあるが、父母の話を通じて知るB男本人の心情や精神発達に目を向け、評価していることが重要なポイントと考えた。

母の負傷による入院という出来事が大きな転機となったが、前々から母の避難を通じての改善を想定していたので、即座の対応策を相談することができた。この頃には、表面的行動としてはさほど改善しているようには見えないが、B男の内面はそれなりに成長してきている部分があるという認識は父母と共有しており、父母もチャレンジする姿勢になったと考えている。

文　献

本城秀次（1998）「家庭内暴力」『臨床精神医学講座18』中山書店
本城秀次・瀬地山葉矢（1998）「少子化と家庭内暴力」臨床精神医学増刊号　少子高齢化時代の精神保健・医療
伊藤直文（2005）「家庭内暴力と引きこもり」現代のエスプリ　至文堂
伊藤直文（2006）「緊張と歪みからの回復―〈暴力〉のメカニズムと克服の道」村瀬嘉代子監修　伊藤直文編著『家族の変容とこころ―ライフサイクルに添った心理的援助』新曜社
塚本千秋（1993）「境界例の治療」青木省三編『青年期精神科の実際』新興医学出版社

第五章　幼児期から続く不幸感に苦しむ女性のカウンセリング

――トラウマからの回復――

一　出会い

精神科クリニックからの紹介で来談。電話申込み時にスタッフから相談趣旨を聞かれ「こんなことを何度も聞かれなくてはならないのか」と興奮して食ってかかり、相談内容の特異さもあって筆者が担当することになった。

実際に会ってみると、視線は合わず伏し目がち、自嘲的で投げやりな口調ながら、攻撃的な部分は見られず、継続面接を強く希望した。話す意欲は強いようだが、話はあちこちに飛び、大まかな状況を把握するのに数回の面接が必要だった。

C子は二〇代後半。化粧っ気なく、服装も単色のTシャツにスカートと極めてシンプル。前屈みで前髪を垂らし半ば目が隠れているような状態で話すが、緊張感や警戒感は見えず、自分をこの場に投げ出しているような雰囲気。色白で整った顔立ちの女性である。

来談のきっかけは、過量服薬による自殺企図で救急入院し、その後受診したクリニックでカウンセリングを勧められたもの。処方は入眠剤のみだった。

地方都市出身、高卒後単身上京、専門学校に通った後、映像関係の仕事についたが退職。水商売のアルバイトをしながら再度専門学校に通い、現在の貴金属販売の会社に入社した。全国に店舗があるが、C子の販売成績は抜群で、若くして新店舗の店長候補になり、来談の一カ月後から資格取得のために半年間仕事を免除され学校派遣されることになっている。

順調な職業生活とは裏腹に、極めて問題の多い男性遍歴を重ねている。最初は妻子ある男性との不倫関係、次は薬物嗜癖の生活破綻者、次はアルコール依存者、直近は不遇な家庭に育った暴力男性で、いずれも相手から近づいてき、断れずに関係を結び、ずるずると続いてしまう。不倫男性を除くと半同棲生活を続けるうちに男性が暴力的になって、必ず殴られるようになる。今回、暴力に追い詰められ、相手を殺して自分も死のうとまで思いつめる中で自殺未遂となった。入院中に、「こんな男にばかり関わって殴られているのは自分の側の問題かもしれない」と思い当たり、変われるものなら変わりたいと考えたのだという。男性関係も問題だが、どこにいても安全という感じがせず、怖くて鍵をいつも確かめ、一人暮らしを始めてから六回引っ越しをしている。「今のアパートでも大家の息子が部屋に入っていると思う」と真偽不明の発言もある。

家族は、遠方の実家に父母、首都圏に兄が二人居住。長兄は結婚して子どももいるが、子ども時代から関わりが薄い。次兄は独身、有名大学を出て専門職に就いており、C子を気遣い連絡がある。自発的に語る生育歴は、部分的には極めて詳細だが文脈が曖昧でかつ飛躍する。繰り返される主題は、三歳頃に転居する前までは幸せだったが、その後はずっと不幸で、家族の中でも居場所がなく寂しかったというもの。次兄は優秀だったが、虚栄心が強く依存的な母からのプレッシャーでストレスを溜め、いつもイライラしてC子に当たったという。転居後C子は小児喘息で学校を休みがちだったが、帰宅する次兄の機嫌をいつもびくびくと窺っていた。機嫌が悪いと頻繁に暴力を振るわれ、小学二年頃には、階段から落とされて足を骨折したこともあった。しかし、C子は、いつも次兄がかわいそうだと感じていて、自分が当たられるのは自分が悪いと思っていた。兄二人が喧嘩すると、自分に当たられるより怖くて、誰か止めて欲しいと思っていたが、専業主婦で家にいたはずの母が止めてくれた記憶はなく、誰も守ってくれないと感じていた。父は勤め人だがマイペースで自分勝手な人、絵を描く趣味があった。

実家には五年以上帰っていない。時々の母からの電話では、いつも心配事や自分の体調の泣き言ばかり聞かされた。自殺未遂後、次兄から聞いた母が勝手に叔母に相談し、叔母が様子を見にきたことに怒り、「二度と電話してくるな」と宣言、それでも電話してきたので「これから行って殺してやる」と言ったら、「怖い」と切り、その後は連絡がなくなった。

職場では、自殺企図のことを店長がうまく隠してくれ、復帰できている。

アセスメント——方針と距離のとり方

電話申し込み時に見られた情緒の不安定さ、親密な人間関係が長続きしないらしいことなどからパーソナリティ障害も疑い、複数回のインテーク面接を重ねたが、話のまとまりは悪いながら、筆者との距離感に揺らぎはなく、抑うつも感じ取れたこと、職業生活は長期にわたって良好で、職場の人間関係も保たれている様子だったので、カウンセリング適応と考えた。

反復強迫的で被害的な男性関係の繰り返し、自尊心の低さ、侵害への極端な恐怖、生活歴上の説明できない断絶などから、深刻なトラウマの存在が想像され、いずれそれがテーマになってくるだろうと想像された。

職業生活への適応が良いので、それを崩さないように配慮しながら緩やかに自己理解を深めていけるようにすること、極めて自己破壊的な男性関係を持ちがちで、援助者としては、制限をかけたくなる欲求を感じたが、自身が向き合いたくない部分を行動化、外在化している一方で、そのことに嫌悪や傷付きを感じ始めている状態にあると考えられたので、面接継続中に不適切な男性関係があっても、批判的、評価的にならずに起きていることを一緒に眺め、考えていく姿勢で付き合っていこうと考えた。

二〇歳近く年長とはいえ筆者も男性であり、男性をめぐる話題が多くなることは間違いないので、距離感には相当な注意を払いつつ自分の立ち位置を探ることを意識した。

二　男性関係の繰り返しと離脱、再出発の時期（約一年間）

学校に入って定期の面接は難しいということで、半年間は月一回程度の面接となった。

学校は忙しいが楽しく順調。しかし、自分が立ち直ろうとしているのに、入院後に別れた男Xが二カ月ぶりにアパートに来てしまい、改めて「別れる」と言ったところ、目の前で手首を切って大騒ぎになった。結局救急車を呼んで病院に連れて行き朝まで付き合い、その後ずるずると毎日来るようになってしまった。Xなりに気を遣っている様子で、「料理を作ってくれたりすると、かわいそうになってしまう」という。Xは「結婚したい」と言い、正月には実家に連れて行かれ、母親にも気に入られてしまった。でも帰ってきたら、何か気に障ったらしく、ボコボコにされた。その後も、直接の暴力はかなり我慢しているようだが、物に当たることは多かった。激高して風呂から引っ張り出され、濡れた身体のまま外に出されて風邪をひいてしまったこともあったが、そうなるとガラッと変わり優しくなる。「こんな男でも、いると安心で眠れる。一人だと怖い」と言う。

筆者が「どこかで男性をバカにしているところがある」と指摘すると、「そう。ずっとそう。男って女の身体しか興味ない」と言い、慌てて「先生は違うよ！」と言うので、「程度の差はあっても興味のない男性はいないのでは？」と応じると「駄目！　先生は違うからね」と筆者の発言を抑える。「お父さんもどこかで性の対象に見ていたような、そんな記憶が……」と繰り返しつぶやく。「高校生のとき、同級生の男子の家にその彼女も来ているというので行ったら、押し倒されて暴行された。嫌だったが、そのときにはどこかであきらめが入っていた気がする。もっと前から自分は汚れていると感じていた」と語った。

この頃から「どんどん太って、ストレス」と言い、カウンセリング中の二年余りに一〇キロ以上太っていた。

学校は無事卒業して資格取得。副店長として店に復帰し、一カ月後には、新規開店する店の店長になった。今後は原則隔週に面接する約束。この機に、バウムテスト、SCT、ロールシャッハテストを施行した。

「私はもう蓋をするのは嫌だ。先生を信用してやっていく」と宣言するように言う。

「Xに『別れる』と言ったら泣いてしまった。その後、Xはエネルギーが三分の一位になった感じで老けてしまった。穏やかになったのではなく、寂しい感じ」そうなると今度は逆にC子が叩いてしまうことがある。「感情と頭のバランスが取れなくなって、ワーッとなってしまう」。しばらくして、「これまでと違って冷静に話をして、彼もわかった感じで別れた」と報告があったが、一カ月後の面接では、「話したくない」と塞ぎ込んでおり、相互スクィッグルをしていると、「Xがまた押しかけてきて、強引にやられてしまった。乱暴で怪我をした。セックスは好きじゃない」「治りたい」と泣きじゃくった。

その後、以前から知っていた五〇歳近い男性Yのところに泊まりに行って過ごすようになり、性関係もあるという。筆者から「逃げ場所なのだろうが自分を汚すようなことは駄目」と伝えると嬉しそうな顔、「先生から言われると何か楽になる」と話す。

Yとの関わりは徐々に間遠くなって三～四カ月で解消した。Xとの関係もその後はない。

面接回数が増えて後、肩こりが酷いという話から、呼吸法を練習し、リラクゼーションとイメージ法をセッション内で行うようになった。当初は、守りになる良いイメージを定着することを目指し、壁に貼った枠づけした白紙に向かい、安心できる良いイメージを浮かべる方法を採った。安心できるイメージの基本型は、「何もない砂漠、明るくてなだらかな起伏の底に水たまりがある。自分はそこにうつ伏せに横たわって半分顔を水に入れている。水は生温かく、乾いた風が吹いて心地よい」というもの。しかし、セッションによって、この良いイメージを出せなかったり、「砂丘の向こうから数人の黒服の男がやってくる」「背中を刺されて、水が赤くなって……」といったイメージが侵入してしまったりした。

「一人になってさっぱりした。守るものが欲しい。自分のためにはできないけど、子どもができたら、そのためならばできるかもしれない」「自殺未遂のときに来てくれた友達が引っ越すと言って挨拶に来てくれた。心配してくれてたんだなと思った」「副店長がほのぼのした人で、若い子に親父ギャグを言ったりしてる」「骨折したときにママが自転車で送ってくれたのを思い出した」など、肯定的な話も出るようになり、表情も和らいできている。筆者が「雰囲気がやさしくなったね」と伝えると、「今言ってくれたこと、ありがとう。一人でやってたら気が狂いそうだから」と微笑んだ。

他方で、断片的な記憶は鮮明に出てくるが、思い出そうとすることは出てこないと話し、「小学校に入ってから、自分が汚いのを気づかれないようにと感じていて、整理整頓とかすごくきちんとしていたのを覚えている。気づかれたらって、どうしてそんなこと考えたんだろう」などと語る。また、この頃から、「ぼーっとしているときに、嫌な感覚がバーッと出てくることがある。感覚だけでなく場面というか、イメージ」「グレーの中にオレンジ色が見えた」と報告することが折々にあった。帰宅時最寄り駅で降りた瞬間や入浴時などだという。窓を開けていたときに、急に「襲われる!」と思い、恐怖感で破裂しそうになることもあった。

面接の進行について、「私は、この辺（喉胸のあたりを指す）にあるものをグワーって一気に引きずり出してしまいたい。でも思い出そうと思ってもできない。先生はなんでこんなのんびりしてるのかと思ったけど、それがいいのかなと思い始めている」と語った。

この時期は、ほとんど毎回のように泣きじゃくっていた。ただし、怖かった話、嫌な話の際に泣くのではなかった。筆者が「どこかで、自分のことを大切にしたい気持ちが出てくると泣くように見える」と指摘すると、「また、そうやって泣かさないで！」と文字通りわんわん泣いた。「自分を大切にしたい、守りたい気持ちを思い起こせば、自然と行動も変わってくると思う」と伝えると、「そうだといい」と頷いた。

会社の上司、同僚への評価は辛辣で、店長会議でも、よく若い二代目社長に噛みついた。「やる気があるわけではないけど、何だか『やるかやられるか』みたいになってしまって、やり過ぎてしまう」という。C子の店の成績は非常に良い。「仕事で数字を挙げるのは簡単。男性が女性を連れて店に来て応対していると、何て言ったら無理してでも高い商品を買うかがわかってしまうし、大体その通りになる。多分自分には人の弱さが見えるからだと思う。他の人がなぜできないのか全然わからない」と言う。

アセスメント——テスト結果とカウンセラー＝クライエント関係

ロールシャッハテストの結果からは以下のことが読み取れた。①元来持っている知的能力は低くないが、現状では現実吟味能力が全体的に低下しており、時に病的水準に低下することがある。内向型であり、現実吟味力の低下は必ずしも外的刺激から直接に生ずるものではなく、刺激から生じた動揺が内的過程によって増幅された結果起きているように見え、直ちに病的偏倚を読み取れるものではない。②外的感受性や興味、関心は、多様性に富んでいるが、内的安定に乏しいために、むしろそれらに振り回される結果になっている。必然的に、外界を脅威的、恐怖的なものとして被害的に受け取りやすく、その感覚は時に体感的でややセクシャルなニュアンスを帯びることがある。これに呼応して、自己像は、無力で孤独で淋しいものとなっている。③こうした内外の否定的な感覚を回避するために、能動的な認知を放棄して、曖昧模糊とした認知や断片化した知覚に逃げ込んでいる。結果的に心理的に距離をおいて安心はできるが無意味な世界と生々しく脅かされる世界に両極化してしまっており、対人認知の水準でも、同一の対象に矛盾した感情を読み取る敏感さと葛藤性を有している。④これらの点から、心的外傷の存在が推察された。

バウムテストは、用紙を横置きして左に寄ったところに立ち枯れのような木を一本描いた。

ただ、右に出た細い枝に実を一つ描いたのが印象的。「山火事でこっち（左側）の方焼け焦げてしまっているけど、かろうじて生きている」と言う。あまりの寂しさに翌週コピーを渡して、自由に色づけをして良いと言うと、実を赤く塗り、幹を濃くして、左右の空白に林のように何本かの木を緑色で描き加え、「ちょっと良い感じかな」と語った。

相変わらず男性に振り回される状況が続いていたが、徐々にそれに抗う動きも出てきて別れることができた。安心感の核になるイメージを定着させたいと試みたが、どうしてもそこに恐怖的なイメージが侵入してくる状態が続いた。他方で、現実生活や過去の想起内容に肯定的なニュアンスのものが出てくるようになっている。

面接では、甘えた態度が増え、肯定的なフィードバックに対してとにかく毎回のように泣いていた。ただ、こちらの反応を引き出そうとする様子や、距離感が不安定になることはなく、カウンセラーとしては落ち着いていられた。中学生位の女の子がわんわん泣いているのをおじいさんが「やれやれ困ったな」と見ているような感覚が筆者には生じており、「先生、ティッシュ！」と要求するので、ボックスを渡すと大きな音でチーンと鼻をかむのを少々微笑ましい気分で見ているといった状態。C子もそんな状態を心地よく感じているのが見て取れた。

基本的課題として、他者への信頼感と自己感が毀損し、安心ができないこと、職業生活を除いて自信がなく、自分に対する統制感、支配感（mastery）が失われていることが明らかだったので、トラウマへの接近の前提として、安心感と自己統制感を強めていくことを考えていた。その意味で、現在の筆者との関わりがC子にとっての抱え環境になってきていると評価していた。

三　自分に関する気づき、夢の報告（約一〇カ月間）

「やっぱり、家族の話をしていかないといけない気がする」と再度家族の話を始める。「小学校時代から、家族皆の動きが嫌で、でも自分のことはどうでもよくて、父母は兄に何でこうしてあげないんだろうとばかり考えていた。自分は骨折したりしたけど、子どもの頃は基本的に感情がない。何か一枚隔てて見ている感じ。映画見ているみたい。今、ちょっとだけ、私もかわいそうかなって思う」「母は通信簿も見なかった。本当にやって欲しいことはしないのに、勝手に動いて恥ずかしい思いをさせられた。目が外国人みたいにきれい。寂しそうな目」「こういう話はできるのだけど、何か喉に骨がひっかかっている感じで、それが言葉にならない」と言う。家族画では、画面を三区分し、父と自分、兄二人、母をそれぞれ描いた。母は横から見た眼だけを描き「眼だけしか印象がない」。他の四人には目鼻がなく、父、兄は直立、本人のみしゃがんで犬を可愛がっている。「中学に入って犬のマルが来た。私はいつもマルと一緒で、この頃から兄の暴力はなく、楽になった。マルが支えだった」と涙を流し、その後も折々にマルの思い出話がでるようになった。

Yと別れて、一カ月もしない間にまた男性Zができた。「今度は普通でまじめな年下の子、恵まれた家庭の子で、なんで私のところに来るんだろうと毎日考える」「好きでもないけど、そんなに言ってくれるのならと思ってしまう」と言う。筆者が、「それにしても男が切れない」と言うと、「何故か、向こうから寄ってきてしまう。自分からアプローチをしたことはない」筆者が「あなたに選択権はないの?」と問うと黙り込んでしまった。

「Zは毎日来る。イライラしていじめる。つい手がでることもある。責めずにはいられない。彼は気を遣っているが、多分自分を見ているみたいで苛つく。Zは『いずれ結婚したい』と言い、『その気は無い』と答えるが、『仕事から帰ってCちゃんがご飯作ってくれていたりしたら嬉しい』と言われたのがすごく嫌で「帰れ!」と叫んで追い出してしまった。全然わかっていない」

「男は上で女はその下、自分はまたその下という感じがずっとある。でも男はバカだと思っている」「自分は下にいる。でも上り方を知りたいのではなくて、何故自分はここにいるのか知りたい。わかったら、そのままここにいるか、上に上るか考えたい」と語る。

この頃から、Zとのこと、家族の話をする一方で、頻繁に夢の報告をするようになった。

「馬に乗って、後ろを振り返りながら一生懸命逃げている。丘のところに死体がたくさんあって、そこで死んでいるふりをして、小屋に向けて匍匐《ほふく》前進して。あせってパニクっている。どこかであった感覚。怖いけど逃げなくちゃと。『アッ、またあの感覚だ。同じだ』と。年中そういう夢を見る」「拉致されて船に乗せられ、船底の狭いところに押し込められてる」「実家に小さな車に乗った男が五人来て、父に銃をつきつけている。私は高校生位で、押し入れに隠れてビクビクしている。なぜか会社に電話して『遅刻します』なんて言っている」など、同種の恐怖感覚の夢を報告した。

他方、「父のことも思い出した。一つは、私がトイレか何かで座って、父が私の膝を噛んだ。すごく嫌だった。もう一つは、小学校二年位のとき、何かで私が駄々をこねていたら、父が私を持ち上げてベッドにボンと投げた。私は子どもなのに『犯される』みたいな感覚があって。父の顔を見たら、笑っているみたいで、怖くて。笑っているのが理解できなくて」「前の彼も、私をボコボコにしながら、顔見ると笑っているみたいに見えて、父を思い出して、オエッとなった」などの記憶を語った。

そうした話の間に、「テレビで、虐待された子が養子になって、はじめは良い子だけど段々試すみたいにひどいことするのを見て、私に似てるなと思った。わざと嫌われるようなことをする。彼氏が殴るように仕向けてたんじゃないかと。あっ殴ってくれた、こいつも同じだなと何か安心する感じがあった」と語り、「前の男たちみたいなところに戻っても殴られたり薬使ったり。嫌だけど何か淋しいところがわかっている感じ、バランス取れるみたいな感じがある。今のあいつ、本当にヌクヌクして、もう嫌。自分がどっか行ってしまいたい」とさまざまな気づきが語られた。話の流れの中で、「母と私、淋しがりなとこが似てるのかも。本当は自分のこと好きなんじゃないかと思ったりするけど、そうなれない。汚いと感じてしまう」と自分や母に対する感情の揺れを表明することが増え、「私、ここに来ると子どもになってしまう」「本当は、自分を可愛がりたい。かわいくしている子、いいな、私もできたらと思う。でも自分は性的に見られるのが嫌」などと語った。

この時期の後半は、「頭が痛い。本当に重いものが載っているような感じ。重くて、怖くて支えられない。わーんって」「胸の辺りが嫌。胸騒ぎじゃないけど、ワーッと嫌な、考えたくないことが出てきそうで嫌。小さい頃の自分」「いつもむかついている。嫌な感覚。身体全部だるい。腕、足、全部下に引きずっているような」など、身体的不快感を表明することが増加してきたが、その後、「夢に子犬のマルが一五頭も出てきた。楽しかった！」とか、「今朝の夢。また追われて逃げて逃げ場が無くて『助けて！』と叫んだら、マルが出てきて触った。触った感覚があった！　あっそうかと何か思って。それで温かい感じが、今も残っている」「身体の胸の奥の方に、あったかいところがあるのに気づいた」などと肯定的な語りも出るようになった。以前から折々に話していた、アパートの部屋に前の住人の彼氏が入ってきた話を再度し、「そのときどこか落ち着いていて、私が先に起き上がって声を出せば大丈夫、寝ていて声を出したら抑えつけられるけど、本気でやれば、大人だから対処できると感じていて、実際なんとかできた。怖かったけど」と語り、無力感から抜け出して来ている兆しが感じられた。

正月過ぎの面接、「正月にもZは来て、イライラして叩いてしまった。何でちゃんとした家族がいるのに私のところに来るのかと。私が二二歳頃、アルコール依存の彼と同居していた。専門学校に行きながら、夜は水商売で働いていたが、私のお金で飲んでしまう。なのに私が正座させられて叱られた。今の彼は、私が叩くと悲しそうな顔。私がつらくなってしまい、家を飛び出して泣いていたら迎えにきた。どうしようもなくて、先生に電話しようかと思った。好きでないのに付き合っている自分が嫌。叩く自分が嫌。嫌なことをやってしまった。治ると思っていたのに、繰り返している」と大泣きした。

次回面接で、「きちんとZと別れた。今回はちゃんと話した」と報告がされた。

アセスメント――体験の再評価

カウンセラーとの関係は安定し、相変わらず泣きはするが、より能動的な姿勢で以前にもしていた話を繰り返しながら、少しずつ新しい意味を見いだしていた。

この時期も、男性関係は切れず、男性からのアプローチでずるずると関係してしまうことには変わりがなかったが、相手が恵まれた家庭の「普通の」男性となり、今度は自分がいじめ、暴力を振るい、かつその自分に嫌悪を感じるという体験を繰り返していた。その体験を通じて、徐々に「自分が本当はどうありたいか」を考え始め、さまざまな気づきが生じ始めているものと評価した。

可愛がり、支えられていた犬のイメージが心の中に再生してきて、自分の中に「温かいもの」があることに気づき、自分を大切にする感情が芽生えてきていることが認められた。筆者との関係は安定し、夢や否定的な記憶（イメージ）を頻繁に報告しながらも、「ここでは全然怖くない」とリラックスした様子。他方で、身体的な不調感、不快感が強まってきていたことから、筆者は、言語化されないものが表面化しつつあるのではないかと警戒感を持ち始めていた。特に「（筆者に）電話しようかと思った」との発言からは、枠組み逸脱の可能性を想定し、今後の対応を慎重に考えなければいけないと考えていた。

四　終結まで（約六カ月）

Zと別れたことを、「ちょっと嬉しい。電気はつけているけど寝られている。怖くない。楽になった」「でも、つらさは前のXと別れたときの方がつらかった」など語る一方で、「男って先にエッチしちゃう方が楽。どうせしたいんだろって。それに来ちゃうと断れないじゃないですか」と語り、まだ危さを感じる。

「何か思い出しそうな感じがある」「私はどこかで優しくする相手をバカにしてる。どっかかわいそうなところがあって、してあげようって。でも逆にそうされたら嫌だ」「人を尊敬したい。好きになりたい。時々いいなって思う人はいる。でも近づけない。近づくとバレる。醜いのが……」と言うので、「隠し続けていると余計に醜い、汚いって思えるようになってしまうこともある」と応じると、「それ！　わかる。そうなのかも」

この頃、筆者が出張中に、パニック状態で研究所に電話があり、スタッフからの連絡で筆者が電話したことがあった。「このところ休みがなく疲れていた。休みで髪を洗ってドライヤーをかけていたら、重低音が聞こえてきて、理由もなく『人が来る！』っとパニックになってしまった。本当に怖くて、電話をしてしまった。今、落ち着いてきた。大丈夫」

次の回、箱庭を作る。タイトルは「平和」。片隅に小さく囲いを作り中に家、木、人を配置。外の広い空間の遠くにキリン、ライオンを置く。家の反対側、箱庭の外枠にかかるように橋を置き、その上に人形を外向きに置いて「逃げる！」と。

比較的淡々とした雰囲気のセッションが続き、コラージュをしながら、「先生、どんな女の人好き?」と尋ねる。「ここで話すの怖くないのに、普通のところで自分の話をするのがすごいエネルギーがいる」「どうして私に友達がいてくれるのかわからなかった。店にかわいい子がいて、でも『見て見て』のアピールが強い。その子は結婚式に呼ばれたことがないと言っていたが、私は一〇回以上ある」等々、ポツリポツリと話す。

　別れて三カ月ほど経ってＺが来た。「アパートに入れずに外で話して帰したけど、かわいそう」と言うので、筆者から「自分を後回しにするのはよそう」と伝えた。その後また来て、強引に誘われカラオケなどに「連れ回された」が、家に入れず「もう、来ないで」とはっきり伝え別れることができた。

「一人になって四カ月。頭では何も怖いことはないとわかっているが、寝るのが怖い」

　詳細な夢の報告。「私は小さい子ども。日本じゃない昔の時代。男の人ブーツ履いてて、森の中に住んでいて、男は狩りに行くが、最近は狼が出ると言って、女子どもを柵の中にいれて出かけた。悪い予感があったが、猿みたいなのがたくさん、柵を壊して入ってきて、女たちを犯していく。すごい怖い。私が銃を見つけて持ち出したけど猿に取られ、でも猿は使い方がわからず、ボス猿が他の猿を撃っちゃって、それから女の人たちも撃っちゃって、たくさん死んで。その頃男の人たちが帰ってきたけど手遅れ。私は訴えたいけど、子どもだし言えない。すごく悲しくて悔しい。いてもたってもいられない気持ち。前にもあったなって感じてる」「毎日じゃないけど、似たような夢を見る。水の中にひそんで隠れたりもする」

「先生、楽しいって思うことある？」と尋ねるので「ある」と答えると、「それ聞いて嬉しい。安心。ほっとする」と言う。「なに、年齢的なこと？」と聞き返すと、「それもあるけど、なんか私も大丈夫かなって気がして」と明るい表情になって帰って行った。

この頃には、アルテアデザイン（英国発祥の精細な幾何学模様の塗り絵）を一緒に塗りながら話をしていた。床に座ってテーブルの上に顔だけ出すような状態で、「先生のアジサイみたい」「お腹空いてないのにキュルキュルいう」「先生なんでこの道に入ったの？」「こういうの好き！」など言いながら、リラックスして塗り絵を楽しんでいた。

「苛つくことが減った」「最後、思い出したことがあったけど、今度話す」

次回、C子の仕事の都合で定期の面接ができず、一週間先に延びた。当日、筆者は出張予定を入れてしまい不在だったが、研究所にC子から面接希望の電話が入っていた。

翌週の面接、「先週、予定が変わって時間ができて、やっぱり会いたいと思って電話したけど、駄目で」「先生、来週末は時間ない？　私、三歳まで住んでいた〇町に行ってみようと思うんだけど、一緒に行ってくれない？」と話し始める。筆者が戸惑いながら尋ねると、「ごめんね。先週先生と会えなくて、なんだかどうしてもどこかで話したくて、ふらふらしてたら『なんとか催眠』というのがあって何となく入った。前世とか、なんか怪しい感じもあったのだけど、三歳頃に戻ったら。足の裏にコンクリートの感覚。女としておもちゃにされたことを思い出してしまった。おじさんに叩かれたり、蹴られたりして、髪に汚いものかけられた。口に砂が入った感覚とか。頭にコンクリートが当たる感じ。暴力男とのエッチと同じだと。一人で家に帰って、お風呂で身体を洗ったのを思い出した。母に知られちゃいけないと」「母は、本当に気づかなかった……」「でも、お父さんじゃなくて、良かった！」と。「あっちに行ったら、実家にも寄って、母にも会おうかと思う」と言う。

筆者は、驚きながらも「どこで思い出したかはどうでもいい。それが思い出されたのは、あなたにとって良かったようじゃない？」と言うと、C子は大きく頷いて、「嫌なことだけど、こういうことだったんだとわかって。よかった」と答えた。

「前回思い出して話そうと思ったのは、高校のときに暴行された生徒、別の男子が追いかけて行ったら、男がバールを出して、私が『危ない』って消化器を投げつけたら、血がバーって飛び散って、っていうすごい夢見たという話だったんだ」「なんかすっきりした」と話した後、「やっぱ、先生はだめだよね。一人で行ってくる！」と帰っていった。

次の回、やってきたC子は、顔つきも姿勢もすっかり変わってしまい、筆者の目をまっすぐ見て話をするので驚かされた。「何もなかった。たぶんここかなって所は駐車場か何かになっていた。無くてよかった。五年ぶりに実家も。母は弱そうだったけど、普通にやっていた。ずっとギクシャクしていたのを、みんな私のせいと思っていた。本当のことはわからないけど、他人のせいにしたくないとばかり考えていた。これから自分の足で立って歩いて行きたい。つらかったけど、これでやっていけそう。先生に頼り切って、先生がいなかったらって思う。でも終わりにする」と語り、一方的に終結を宣言して帰って行った。筆者は、あまりの展開に唖然とするばかりだったが、決然としたC子の態度と変化の大きさにそのまま受け入れることにした。

アセスメント――自律性、能動性の増加とトラウマ記憶の想起

肯定的な見方も随所に出てくるようになり、C子の中の健康な部分が育ってきていることを感じていた。筆者も折々にやや介入的な発言をし、C子も抵抗なく応じられるようになり、関係の対等性が増したものと受け取った。この時期のC子はすっかりリラックスし、一緒の時間を楽しむような様子になり、コラージュ、アルテアデザインなどをしながら、筆者の個人的嗜好や考えを聞いてきた。個人情報以外は正直に答えるようにしていたが、それ以上に立ち入ってくることはなく、答えに安心したり、うれしがったりしていた。泣くことはほとんどなくなった。

パニック状態での電話は、ある程度想定していたので、最小限の対応をした。翌週の箱庭からは、彼女の生きる世界は狭いながらも、逃げ道をきちんと見定めているという意味で、C子なりの対処が見えてきているのはないかと感じていた。

一方で、ストレートに性的な脅威を表現する猿の夢からは、いよいよ閉ざされた記憶が表出

してくる緊張感を持たされたが、「銃を持ち出す」「女たちも猿もたくさん死んでしまう」という結末には、ただ脅かされ、逃げ隠れしているという従来の内容とは異なるものを感じ取っていた。翌週に報告された夢も攻撃的で血なまぐさいが、能動的な中身だった。

C子が想起したトラウマ記憶は、ほぼ想像していたもので、C子もどこかで薄々気づいていたのではないかと思う部分があったし、筆者との場でないところで想起したことにも意味があるのではないかと思った。実際、筆者はややほっとしていた。

トラウマ記憶の想起から終結は、完全にC子のペースで進み、筆者の判断、見立てによるものではなかったが、最終回の、文字通り生まれ変わったかのようなC子の大きな変化を見て、ここでふり返りのための面接を求めるのは筆者側の自己満足になるだろうと考え、そのまま終結とした。

五　その後

一年後に長い手紙が届いた。カウンセリング終了後は、筆者と話をしたいとばかり考えて、苦しい時期が二カ月半くらい続いたという。この間の仕事や家族との関わりの詳細な報告があり、近いうちに一度相談に行きたいとの内容であった。

来談したＣ子は、すらりと痩せて、髪も染めショートにし、服装も明るくおしゃれな若い女性になっていた。「大変なこともあったけど良くなった。仕事もちゃんとしている。一人で怖いのもほとんど無くなった。自信が無いのは相変わらずだけど」と語る。筆者が「明るくて、自信もあるように見える」と言うと「そうなんだとは思うけど」と笑った。極めて現実的な相談をいくつかして帰って行った。

しばらくして再度来所。「実は付き合っている男性がいる。一〇歳以上年上で、今度は尊敬できる人。自分で会社をやっている。ただ、この人は異性に奥手みたいで、私がくっつくと逃げちゃう。どうしたらいいだろう。結婚したら子どもも欲しいのに、どうなってるの?」と相談。将来のことも考えるのなら、そういうあなたの気持ちをきちんと話してみたらどうかと伝えると、数週間後「ちゃんと話をして、大丈夫になった。よかった」と。

さらに半年後に来所。「結婚した。普通にちゃんと結婚式した」「先生を呼びたいってずいぶん思ったけど、やっぱり違うかなって」と渡された写真はがきには、笑顔の花嫁姿があった。「来月には、彼の仕事の関係で海外に引っ越す。今はその準備で忙しい。ちょっと不安だけど大丈夫。彼とやっていく」と話して帰っていった。

文　献

小西聖子（1996）『犯罪被害者の心の傷』白水社
西澤哲（1999）『トラウマの臨床心理学』金剛出版

第六章　転地によって結び直した非行少女と家族の絆

一　面接に至るまで

家庭裁判所にD子の身柄付き事件が送られてきたのは六月のことだった。D子は、その春に中学を卒業した一五歳の女子少年だったが、事件受理の知らせに少年調査官室は少々ざわついた。今回の送致事件は、毒物及び劇物取締法違反三件で、成人からシンナーの売りさばきを頼まれ後輩中学生に販売した一件、自身のシンナー吸引事件二件であった。

同室の調査官たちの反応は、D子が、非行の多い地域の中心的不良の一人と目されていて、少年鑑別所収容が二回目だったからだけでなく、前回の経緯から「やはり来たか」ということのようだった。

前回の家裁送致、少年鑑別所収容は中学三年の秋のこと。やはりシンナー吸引と成人から頼まれたシンナー販売など（毒劇法違反五件、虞《ぐ》犯一件）だった。このとき、警察は背後の暴力団組織を探ることを考えて、県下で一〇〇人以上の少年たちを検挙し、中心的とされる相当数の少年を逮捕したが、大がかりな捜査にもかかわらず最終的に暴力団関係の裏付けは取れず、少年たち、末端の非行少年を送致しただけに留まった。そんな事情もあって、D子の父は「むしろ被害者でもある子どもばかり逮捕して、本当に悪い大人を捕まえられない」と怒り、警察、学校、児童相談所、裁判所が皆で子を悪くすると言い募ったという。前回担当の調査官とも衝突して気まずい雰囲気になってしまい、結局、裁判所受理が初回であったことや父の態度から処遇がスムーズに行きそうにないことなどを勘案して、保護観察決定で終えたという。関係の少年たちを担当する他の調査官たちからは、D子が少年院に送られなかったことに強い不満の声があがり、担当調査官はつらい思いをした。

父の怒りは決定後も収まらず、初対面の担当保護観察官にも「行政は判こ押しだけだ」などと暴言を吐き、怒らせていた。決定の一週間後には、またシンナー吸引で検挙されたが、在宅送致。通常は、事情を知る前件調査官が担当するのが慣例だが、前件調査官が担当を回避し、その四月に転勤してきたばかりの筆者に任されることになった。

記録を読むと、父は一流企業の工場に勤める技術者、母は専業主婦、姉は当時短大生、妹、弟にも不良傾向はなく、むしろ硬い位の家族。ターミナル駅からほど近い場所に居住している。

幼児期より、非常に健康でたくましく、明るい屈託のない子どもで、この子を連れていると楽しい（電車などでよく声をかけられ世間話ができる）と父は外出時によく連れ歩いていた。真面目で固い父のマスコット的存在だった。

小学校に入り、落ち着きはなかったが、元気で友達も多く成績も良かった。

しかし、小学校四年の終わりにまだ自然の残る地域から、都市部の現住所に転居、転校してくると、明るく目立つ性格が裏目に出、頻繁に上級生に呼び出されるようになった。学校に馴染めず、電車で一時間余りの転居前の地域に遊びに行くようになり、級友を連れて行って帰宅が遅くなることもあったため、級友の父母から問題視され、苦情を言ってこられるようになった。

六年進級前後に、以前住んでいた地域で一六歳の少女Xと知り合って一緒に遊び歩くようになり、一週間単位で家に帰らないこともでてきた。この頃から、シンナー吸引を始め、異性関係もあった。

中学入学直後からは、上級生YやXと東京の盛り場に行き、繰り返し補導。中学への初登校は六月半ばだった。児童相談所通告となり、相談指導係属となった。

中一夏、度重なる家出中に補導され、児童相談所の一時保護所に収容されたが一日で逃走。直後、遊び回っていた先で、貧血、腹痛により倒れ、病院に入院した。児童相談所宛に出された医師の詳細な診断所見が残っており、「未成熟な内からの性交、シンナーなどで体が傷んでいる。驚くべきショッキングな症例」と書かれていた。退院後は、父が強引に自宅に引き取ったが、その後も、シンナーなどで補導が続き、結局、中学一年の年間出席日数は二〇日間余りに留まった。

二年次も行動は収まらず、原付窃盗、シンナー吸引でたびたび補導。居酒屋やスナックで年齢を誤魔化しアルバイトも経験。暴力団員との交際が噂され、外泊も頻繁で、年間出席日数は二〇日に満たない。

三年になると、校内にも不良仲間が出来、地域の中心的存在になってきた。行動が激しく、私服でシンナーを吸いながら登校し、注意されると教師に暴行するなどの行動もあった。年間出席は二〇日強程度。既述のように三年秋に前件で鑑別所収容、保護観察となった。その後、目につく行動は多少収まったが、学校は行かず、そのまま卒業した。卒業前の二月頃から、友人Z宅に入り浸り、シンナー吸引を反復していたらしいが、何日も帰宅しない状態で、詳細な行動は把握されていない。四月に居酒屋に一〇日ほど勤務。逮捕まで数週間は帰宅していない状態だった。

アセスメント――状況の深刻さと事例の核心

前件報告書や事件関係記録を見た限り、非行事実はシンナー吸引が中心で重大事件とは言えないまでも、生活の乱れは極端で歯止めの効かない状況であり、再非行防止や保護の観点から少年院送致が順当な事例というのが第一印象だった。

ただ、漏れ聞いた前件時の父の態度の中に、不適切ながら必死なものを感じ、どういう処遇をするにしても関係諸機関に対する父の感情をそのままにしてはいけない、この子を抱えて行く父母の気持ちに触れておきたいと考えた。あらためて、分厚い児童相談記録を精読すると、父母が南方のS島の出身であるという二、三行の記述に目が止まった。父方祖父は島の高校の元教頭、母方も有数の大きな農家とのこと。調べると島には高校がひとつしかなく、校長は本土から交代で派遣されるので、祖父は事実上島の教育者のトップであったことを確かめ、父一家の島における地位の高さを想像した。日本地図を広げ、S島と日本列島との距離の大きさに驚き、島を出て都会地で家庭を持ち子育てしている父母の心情を想像した。

他の同胞にも、まったく不良傾向がないようで、むしろ真面目過ぎるくらいの家庭から、D子だけが極端にはぐれてしまっている様子がうかがえる。D子にとっても、家族との関係は大きな課題であることが容易に想像できた。家族関係を視野に入れた処遇が必要なケースと考えた。

また、経験上、生活の乱れ、行動化が激しい少年は、基本的なエネルギーと表現する力が大きい（葛藤も大きいが自我も強いところがある）ので、手がかりを摑むと回復の可能性も大きいと考えた。特に基本的に健全な家族で可愛がられた経験もあることが想像できたので、この少年についても、そうした視点で見る余地はあると考えた。

記録から見て、D子の荒れのピークは中学二年から三年にかけてであるように見え、前回の少年鑑別所収容を経て、転機を迎えている可能性もあると考えた。

二　少年鑑別所での調査経過

1　本人初回面接

細身で、黒目がちの大きな目をした少女。低めの声で明瞭に話し、疎通は非常によい。初対面の緊張もあまり感じず、落ち着いた態度だった。

事件については、淡々と隠し立て無く話し終えて、続いて「父はもう許してくれないだろう」と言う。「父は、曲がったことが嫌いだし厳しい。半端じゃない。お祖父さんたちだって皆ちゃんとした人だし」と言う。筆者が島の位置を地図で見て遠さに驚いたことを話すと、幼稚園時、体調を崩して療養のために帰郷する父について島の生活を体験したことを話し始める。赤地に白い水玉のワンピースを着ていて、飛行機の客にかわいいと言ってもらったこと、祖父の飼っていた牛の花子が仔牛を産んだ様子、D子が「ハナ」と名付けたこと等々熱っぽく話す。一年位いたと言う（実際は二カ月足らずだったことが後に判明）。こちらでも転居前は自然があったと、自然を利用したさまざまな遊びについて生き生き話した。そして、「自分が立ち直るためには父母の故郷に行きたい」と言い始めた。

小さい頃の遊びの話を聞きながら、筆者には、幼かった頃のD子が見えるようだった。D子は、めちゃくちゃな生活をしながら、あっけらかんとしているという評価を受けていたが、筆者は、表面の浮ついた明るさにとどまらない天性の明るさを感じとった。

アセスメント――D子の資質、父への気持ち

まず、態度や雰囲気に浮ついた感じがないことが印象的だった。非行少女には、とりわけ少年鑑別所入所当初、妙に明るく、調子のよい子が少なくない。多くは躁的防衛と解されるもので、度重なる傷つき体験や寂しさ、孤独を抱えながら、明るくしていなければそんな自分が顔を出してしまうというある種の必死さが垣間見えることが珍しくない。D子には、そうした感じがなかった。人なつっこく明るかったが、これは天性の自然なもののように受け取れたし、シンナー吸引はあったものの、中卒前の年明けからの半年は、地元不良との活発な交友も減っている様子があり、心境の変化もあるのかもしれないと感じた。

事件については、非行自体が少し前のものであったこともあるが、言い訳もなくさばさばし

た調子で話をし、D子にとって今一番大切なことは別にあるという印象を持たされた。続いて、自分から父の話を始め、父が厳しく「ぶっ飛ばされる」という話の中で「手だってこんなに大きいんだから」と自分の手のひらの周りに大きな輪郭をなぞって見せたときに、筆者は「ああ、この子はお父さんが好きなんだ」と感じた。祖父母にも誇りを持っており、D子の現状と対比させて、何かを探る契機になるかもしれないと考えた。

D子の小さい頃の生き生きした話は、印象的で魅力的なものだった。非行の進んだ子どもたちには、子ども時代の「記憶がない」「覚えていない」というものが珍しくない。それは、家族、学校生活のなかで持続的に守られ、育てられた感覚がなく、記憶が断片的でつながらないためかもしれないし、発達特性（少なからず見られるＡＤＨＤ傾向）のためであるかもしれない。この意味で、D子の生き生きした記憶はストーリーとしてD子の歴史に根付いており、現状の酷さからはイメージしにくい健全に育っている部分があると考えられた。

とはいえ、D子の口から父母の故郷への転地の話が出たときには、筆者の正直な気持ちとしては「まずいことになったな」という警戒感が強かった。少年（親からのこともある）が、転地を申し出るときは、少年院送致の可能性が高いときに、それを避けるための代替案として提案されることがほとんどで、安易に乗ってしまうと失敗するケースが多い。少年本人や家族の状況の時間的推移の中で、必然性が感じられる場合には、大きな効果があるが、このケースがそれに当たるかはわからず、慎重に扱っていかなければならないと感じていた。

2　母面接と父訪問面接

父は不出頭、母のみ面接。やはり警察の対応などに怒っており、何も話したくないと言っていると言う。母自身も父と同じ感覚を共有していると言うが、本心は違う雰囲気がある。

そこで、その場で父に電話してもらい、その日の夜に自宅訪問する約束をした。

父は、堂々とした体躯に四角い顔。分厚い大きな手である。愛想はなく、太い声でぶっきらぼうにあれこれと批判的なことを言うが、威圧的な感じはなく、どちらかというと自身が苦しみ、悲観し、嘆いているように聞こえてくる。四〇代にして半ば白髪で疲れが見える。

母は父の後方の部屋の隅に控え、自分からはまったく口を挟まず、父の言うことにうなずいている。

父は、警察、学校、保護観察所、児童相談所、裁判所など関わってきた関係機関への不満をひとしきり話すが、親の立場を尊重してもらえないという気持ちが強い様子である。今回の逮捕も、一週間ほど前に警察官が自宅に来たが、D子が何をしたのか聞いても教えてくれなかった。それが、当日の明け方に騒がしいので外を見ると先の横町のところで帰ってきたD子を数人の警察官が連れていくのが見えた。自分は、帰宅すれば責任を持って警察に連れていくのに、信用してくれていないと怒る。

これらの話の中で、唯一担当保護司のことだけ肯定的に評価していたことが印象に残った。関わり方によっては信頼関係をつくることのできる人なのだと安心した。

ひたすら傾聴しながら、少し感情が収まってきたところで、一通りの最近の状況を聞き、最後に、D子が父母の故郷の話をしていたと伝えた。すると父は「そういえばあんな荒れた生活をしているのに、D子が一番よく田舎の祖父母に電話する」と何かを思い出すような表情になり、「祖父母は来いと言ってくれるだろうが、祖父母の名誉を汚すのではと躊躇する。誰の家にどんな客が来たかまで知れる土地」と語った。筆者には「名誉」という言葉が強く印象に残った。

父の関係機関不信に絡めて、「お父さんも人情の深い島から出て来て、ずいぶん人が冷たいと思われることも多いでしょう。苦労されたでしょう」とねぎらうと、会社や地域で裏切られた経験談。「D子を連れて帰郷したのも、会社の人間関係で胃を悪くするなど体調を崩し、長期に会社を休んだときのこと。会社でも地域でも、言うべきことは言おうとしてきたが、今ではその気力も失っている」「D子が悪くなったのも他の子の親の言うことを鵜呑みにして叱ったこと、苦情を言ってこられると何も言わずにD子を呼んで、その親の目の前で殴った。自分が信じてやらなかったため」と苦しそうな表情を見せた。「下の子二人は他家の子と遊ばせないように、学校からはまっすぐに帰ってこさせている。また何か言われるのは嫌だ。いずれ自分たちも島に帰るつもりだった。この際、一緒に帰ろうか」と悲壮な表情で語った。

　筆者からは、あまり突き詰めずに、とりあえず、本人一人祖父母の元で生活する条件が整えられるかどうかだけ考えておいて欲しい」と伝えた。父は同意したが、母の方を見て「今度の正月はだめだな」とつぶやいた。筆者のけげんな顔に気づいた母の話によれば、家族は毎年正月に全員揃って、父の運転する車で富士山の見えるスケート場に行くのが習慣で、D子も荒れた生活をしながらも、これだけは毎年参加しているということだった。

アセスメント――父の心の傷と家族の健康

　父の不出頭は予想しており、筆者は最初から当日夜に自宅訪問するつもりで自動車出勤していた。地方出身者で公的機関に不信感の強い親には、こちらから出向くのが一番と考えたからである。

　通された和室には座卓もなく座布団が二枚置かれているだけで、大柄でいかつい父が近づいてきてドンと座ったときには、かなり迫力があった。しかし、話を聞くうちに、伝わってきたのは、父の悲しみ、苦しさ、自責であり、遠い島から都会に出て家族を持ち、子育てをし、それがうまく行かない責任を一身に背負い込んでいる孤独な姿が見えた。父は話の中で「これ以上悪くなったら、自分の娘ですから、私は人様の手は煩わせません。自分で始末する覚悟です」と言っていたが、この人は本当にそうするかもしれないと感じた。しかし、それは決してD子に対する冷たい気持ちからくるものではないこともよくわかった。下の子を他家の子と遊ばせないようにしているという極端な言葉からも、家族が不健康に硬直してしまっていることも感じとれた。

頑なな父という評価であったが、「自分が信じてやらなかったためだ」と語った姿からは、この数年間、繰り返し自分をふり返り、責め、苦しんできた心情が痛いほど伝わった。

毎年正月の恒例行事にこんな状態でもD子が欠かさず参加していたこと、「今年は駄目だな」という父の言葉に父母の傷の深さを感じとり、D子ひとりではなく、島から出て来た父母を含む家族の誇りと健康を守る処遇をしなければいけないという思いを強く再確認した。

父の心の底にやり場のない強い怒りと「拗《す》ねる」「意固地になる」心情を感じ、一〇年前の療養は、おそらく抑うつ状態によるものだったであろうと想像した。

3　本人第2回～4回面接

続く本人との面接の中では、島に行った場合に考えられる困難や責任の重さについてかなり具体的に話し合った。D子は、「大丈夫、大丈夫」と楽観的。筆者が「これまでのあなたの生活ぶりからすると、私も本音はかなり不安。たぶん、他の人は皆反対するだろうし。今のあなたの気持ちは信じるが、これから先いろんなことがある」と迷いを表明すると、プイと横を向き、激しい口調で「どうなったっていい。年少行きゃいいんでしょ」と言う。筆者が何も反応せずに、横顔を眺めていると、しばらくして、世間話のように「○○調査官（前件調査官）はどうしてるの？　偉くなったんでしょ」と、どこか皮肉を含んだ笑顔を作って聞いてきた。筆者はこれにも何も反応せずに、一〇分ほどして「じゃ、終わろう」と面接を終了した。D子は横を向いたままだったが、あっけに取られた表情を見せた。

筆者は、次の面接でD子がどれだけ現実に根差した希望を言えるかによって最終的に決断しようと考えていた。

数日後の面接、すっかり落ち着いた顔でしっかりと筆者の方を向き、「信じてもらえるなら私はやってみたい。人のせいにするのではないが、私は仲間がいるとだめ。今の家に来て全部狂い始めた。祖父母のところでやらせて欲しい。祖父母が田舎でどういう立場なのかもわかっている。決して裏切れない」と話した。

D子の基底にある健康な部分に確信を得たいと考え、ロールシャッハ・テスト、バウムテストを施行した。

母と再度面接。父方母方の両方が受け入れると言ってくれたが、いろいろな条件から母方祖父母の家に頼むことにした。「父母としても決心がついた。調査官が本人を見て、可能性があると思うならお願いしたい」と語った。さらに、島での生活の様子など詳しく聴取。D子にも、再度、母が面会し、島の生活などよく話してくれるように頼んだ。

さらに、本人とも一回面接した上で審判に委ねることにし、裁判官に口頭報告し処遇意見について理解を求めた上で、意見書を提出した。

アセスメント――D子の非行理解と家族の課題

D子の家庭は、外社会との境界の硬い家族である。母はS島独特のおやつや食事をよく作り（D子は「世界一おいしいんだ」と言っていた）、折々に島から土地の食物が送られてくる。父母共に都会の暮らしにどこか馴染めなさを抱いている。この境界は、父が心労から病気になり、都会人への不信感を強めるようになって、不健全な程に強化されたと思われる。さらに、一家で帰郷すれば一〇〇万円はかかるという距離の遠さと「出て来た以上は……」という父の気負いもあって、最近では、父母の親族とも疎遠になっていた。母は、元来のんきで明るい人のようだが、基本的に夫唱婦随で、父の意向を窺う態度を身に付けている。

姉に続く第二子で下に妹弟という同胞内の位置は、親との関係では欲求不満を感じやすい立場と考えられるが、D子の場合は、その天真爛漫な持ち味のおかげで父のマスコット的存在になり、幼児期は、家庭内でも特殊な地位を得ていたようである。父母の田舎の印象の強烈さは、島に人が帰ってくれば、親戚何十人が集まるという風土の中で、皆から暖かくされた思い出につながっており、これがD子の原点になっていたように思う。

それが、転居後、学校適応がうまくいかず、自らの行動も乱れてくると、大きな支えだった父から急に疎まれるようになり、D子の世界は急変してしまった。いったん逸脱が始まってしまうと、上述のように境界の硬い家族の中での孤立感は強く、家にいられない状態が強化されることになった。D子の早い時期からの極端な行動化は、自分の立脚点を急激に見失った混乱のためと思われた。

D子の不良化に対し、母は動揺し、自ら児童相談所などにも出向いているが、父は人を頼ることを潔しとせず、あくまで自分で対処しようとして、母の努力に共同歩調を取ることがなかった。娘のこれほどまでの逸脱に、警察でも誰でもいいから捕まえて欲しいと思う方が自然のようにも思えるが、父には強い現実否認と共に、「意地をはる」「すねる」というような心情があり、他者に援助を求めることができなかったようである。

D子が面接で感情的になったとき、筆者は「なるほどこれが非行少年のD子の顔か」と納得したが、挑発には乗らずに、そうした自分のあり方を自分で引き受けさせるために、何も反応せずに面接を終えた。ただ、一方で、前件調査官についての雑談めいた話から、この子は人をよく見ているなと感心もし、「あんたもそんなしつこく考えていたら出世しないよ」と言われているのだなと感じた。次の面接でのＤ子は、この間、彼女なりによく考えたことがわかる引き締まった表情をしていた。ここで筆者は、転地の提案に乗る決心をした。異例の処遇なので、念のために心理テストを施行したが、これほどの問題歴にもかかわらず、基本的な歪みの少ない結果であった。

三　島での生活――試験観察の経過

初夏、父母の故郷で生活することを条件に在宅試験観察決定がなされた。

決定後、今後の打ち合わせ。本人は明るく気軽な調子で「まかせておいて」と言う。

翌日朝、空港から「伊藤さん！　これから行ってきます。元気です！」と電話があった。

二日後には、本人と祖母から電話。祖母は、電話の声からも暖かみの伝わってくる、それでいて教養ある折り目正しい人で、綺麗な標準語を話した。

以後、月に二回の手紙のやり取りと折々の電話で観察することにした。手紙は、頻繁に東京方面の男性とやりとりがあると、郵便局員が不審に思い、宛先住所を調べる可能性が強いとのことで、筆者もD子も自分の手紙を母のところに送り、母が相手に送るという形にした。

保護観察所にも依頼し、島の地域性から保護観察は移送せず（調べたところ地域担当保護司も郵便局長も祖父の教え子だった）、これまでの保護司に手紙で生活状況を報告するという形にした。保護観察官はこの処遇に懐疑的で、「そもそも行かないいんじゃないですか？」と電話を寄こしていた。父母に、直接保護観察官に事情を話しに行き、理解を得るよう促したところ、後日、保護観察官から「父が非常に冷静な態度であいさつに来ました。一安心しました」と電話があった。

D子は、筆者、保護司に報告の手紙を送る折りに必ず、父母、兄弟それぞれへの手紙を同封。その他折々に電話をしていた。母が非常に生き生きと役割をこなし、本人の手紙を筆者に送る際にも、必ず自分の聞いている本人の様子や本人の手紙の補足、感想など書いた手紙を付けてくれ、電話もくれた。D子は、叔母宅のゴルフ場でアルバイトし、祖父母の砂糖きび畑を手伝う生活。何かというと部落を挙げて飲み食いし、皆で楽しむ島の生活に溶け込んで生き生きと生活を始めた。自宅にもよく電話をし、家族全員と会話。何年ぶりかで父とも気楽に話ができるようになったと言う。

D子には、定型化した生活記録表の記入を指示してあったが、記録表の他に必ず便箋二、三枚の手紙を添えてきた。

D子からの手紙に対しては、体験を定着させ、考えを拡げられるように意図しつつ、筆者も毎回返事を書いた。祖母によると、筆者の手紙が届くと「伊藤さんからの手紙だよ！」と、毎回、祖母に声を出して読み聞かせていたとのことである。D子は祖母の示唆で筆者の手紙に書かれている漢字の書き取りをしていた。

手紙によるやりとりの一部を紹介する。

D子①……「とうもろこしをカマで切ったり、牛が食べる草をタンクの中に足でふみながら入れて、それを家の回りの人と一緒に話しながらやります。一番の楽しみは昼を食べることです。いっぱいで食べるからふだんよりずっとおいしいです。知らないことを次々にしていると楽しいです」

筆者①……「大自然の中で自然の恵みを刈り取って、生き物を育てる。皆と一緒に体を動かして働き、皆で昼食を食べる。本当に人間らしい生活だなと思います。こうした経験は苦しいとき、希望を失いそうになるときに、きっと支えになってくれると思います。毎日毎日たっぷり心に栄養をつけてください」

D子④……「〇日は一六歳の誕生日でした。でも実感がありません。いつまでも中学生みたいな気持ちです。（略）敬老の日、私は生まれて初めてこの日の実感がありました。島では、みんなでおどりや酒を用意して、夜までさわいでいました。私は、祖父たちに歌を聞かせました。終わってからあいさつをしたら、すごく喜んでくれました」

筆者④……「誕生日おめでとう。実感がないということですが、きっと、しばらくしてから、このお父さんお母さんの故郷で迎えた誕生日を大切なものとして思い出すのではないでしょうか。誕生日というのは『あなたがこの世に生まれて来て、こうして一緒に過ごすことができて良かった』という意味でお祝いするのだそうです。今年は、そんな気持ちで『おめでとう』と言ってくれた人が、昨年より少し多かったのではないかな。（略）」

D子⑥……「従弟に馬鹿にされて辛い」

筆者⑥……「遠慮がなくなってきたのかも。（略）若い頃って、誰でも皆に好かれたいと思うけど、結局自分のことを好きになってくれる人とそうでない人は、半分半分くらいだと最近思います。それで、多数決じゃないけど、最後は自分が自分自身のことを好きかどうかで、明るく自信を持って生きていけるかどうかが決まってしまうように思います。あなたは自分のことが好きですか？」

D子⑦……「私は田舎に来て、いろいろ学びました。（略）今一人になってみて、家族の大切なこと、きょうだいのありがたさ。私は、家族はきらいではなかったけど、人に負けるのが、すごくイヤで、思ったことは行動に出していました。だから、これからは人のことも考えなければいけないということがよくわかりました」

筆者⑨……「あなたの頑張りを本当にうれしく思います。（略）こうして立派にやってくれると、あなたの頑張りはあなただけのものではなくなります。この後も私はたくさんの子どもたちと会うことになると思うけれども、その時にも「希望とちょっとしたチャンスがあれば、きっとやってくれるだろう」と期待することができます。あなたが健やかに生活することがお父さんお母さん（略）さまざまな人に希望を与えているのです。希望を与え合いながら、一緒に生きていけたら、きっとそれが幸せなのだと思います」（クリスマスに）

D子⑩……「お手紙本当にありがとうございます。早いですね。田舎にきてから五カ月が過ぎました。（略）田舎の人たちは、皆が、本当の子どものように接してくれて、ありがたいと思っています。あなたは誰かと聞かれれば、〇〇の孫と大きな声で言えます。それだけ祖父母が立派だということです。それだけでうれしくて……」

六カ月余り後の最終審判前、電話で話。事件のこと、今後の生活について話し合った。本人は「審判後、どこで生活するかについては、父母と直接顔を合わせて話し合って決めたい」と言う。「とんでもなく太ってしまったから会うのが恥ずかしい、試験観察を少し延ばして、痩せてから会うのじゃだめかな」と冗談めかして言う。今後の生活への不安もあるのだなと思ったが、「だめ、だめ、もっと太ったりしたら大変」と応じると笑っていた。この頃、祖母からも長文の手紙が届いた。この間のD子の様子を詳しく書いてくれ、末尾の「こちらに置いておけば安心だし、しばらくそうしておきたい気持ちもありますが、D子がこれから生きていく現実はこちらにはありません。

そちらに戻ってきちんとできて、初めて立ち直ったと言えるのだと思います。戻るべきだと本人にも伝えました」という一文に深く感じ入り、D子が与えてもらったものの大きさを感じた。

審判前、父母と早めに来所。すっかり太って、見違えるくらい健康そうになっており、おそらく外で出会ってもわからないだろうというほどに変わってしまっていた。「地元に戻れば仲間がいるし、でも田舎では祖父母にも負担な上、将来につながらないので、父母と相談し、当面、就職して職場近くに部屋を借りた姉と同居してアルバイトすることにした」と報告があった。中学の勉強をやり直したいと言い、夜間中学に入れないだろうかと相談を持ちかけられた。「今日は世話になった人にあいさつに行く、中学の校長も嫌な奴だと思っていたけど、こんな自分を卒業させてくれたのだし、挨拶に行くつもり」と話していた。

最終審判で不処分決定（前件決定の保護観察は継続するが）。以後、事件係属は無かった。

アセスメント――事例のまとめと事後評価

先にも述べたように転地は安易に選択すると大きな失敗につながることがある。

このケースでは、①非行が地域の不良関係と深くつながっており、それと断絶する必要性が大きいこと、②本人に上記のような環境から抜け出したい欲求が潜在、顕在を問わずあること、

③父母の休息と従来の関係の見直しにもなること、④親と子の間に基本的な愛着があり、転地が「見離すこと」「見捨てること」につながらず、むしろ家族のルーツへの結び直しの機会になるだろうこと、⑤転地先の生活に親近感と適度の緊張感、新鮮さがあり、D子にとっては、自分が生き生きしていた時代、父に可愛がられていた思い出とつながっていたこと、⑥受け入れ先に安定性、信頼性があり、D子に欠けているものを補ってくれる要素があったこと、⑦失敗した場合の処置が関係者間で共有されていること、⑧援助者と少年本人、父母の間に協力を可能にする現実的な信頼感が存在していたこと、などが転地を選ぶことができた根拠としてあった。（※もちろん非行事実自体に、直接的被害者がおらず、成人であっても重罪に問われるものではなかったこともある）

D子が、初期の面接の中で、自分の健康で楽しく暮らしていた頃の生活を生き生きと思い出し、それは父母にも都会生活の中ですり減らしつつあったルーツとも言うべき故郷の生活を思い起こさせた。そして、D子が父母の故郷に行くことで、父母も十年来帰っていなかった故郷の生活の息吹きを身近に感じ直し、あらためて自分たちの存在を支えるイメージとして親子に共有されるようになったと思われる。事実上家族生活からはじき出されていたD子が、家族の根源ともいえる場で生活することを経て「浄化」され、家庭と結び付き直すことができたと見ることもできるだろう。

この処遇過程を通じて、都会の中で家族が持っていた孤立感も幾分かは軽減されたと考えている。

島の閉鎖性故の苦肉の策ではあったが、D子と援助者が母を通じて手紙のやり取りをすることが、結果的にD子と家族全員のコミュニケーションを円滑化し、距離を縮めることにつながった。これ自体は父母からの要請によるものだったが、夫唱婦随だった家族の中で母のパワーを引き出すことになると思い、積極的に採用することにした。

最後に反省点を一つあげておきたい。

審判後、あらためて父母とD子が調査官室に挨拶にきてくれた。にこやかに心からのお礼を言ってくれた母の横で、父は、D子に「お前な。伊藤さんがいなかったらこんなふうにはならなかったんだぞ。忘れるなよ」と言いながら、D子の頭を抑えてお辞儀をさせた。「ありがと！」と言うD子のくすぐったそうな笑顔は好ましいものだったが、この瞬間に筆者は父の口惜しさを感じ取り、自分の処遇の不十分さに気づいた。D子、母、祖母を軸に回っていた関わりに居心地の良さを感じてしまい、少年鑑別所在所中の調査面接を除いて、父と向き合うことがないままに終わってしまったことを思い出し、申し訳ない気持ちを持ったのである。

文献

C・ロジャース（1966）「問題児の治療」『ロージァズ全集第1巻』岩崎学術出版社

第七章　離婚する夫婦と子ども

はじめに

しばしば「幸せになる」と表現されるにもかかわらず、生い立ちも性格も異なる二人が人生を共にする結婚には、多くの困難、試練が待ち受けている。A・グッゲンビュール・クレイグ（Guggenbühl-Craig, A.）は、「結婚というものはそもそも快適でも調和的でもなく、むしろそれは、個人が自分自身及びその伴侶と近づきになり、愛と拒絶をもって相手にぶつかり、自分自身と、世界、善、悪、高み、そして深さをしることを学ぶ個性化の場なのである」と述べ、結婚というものを「幸福」ではなく、「救済」への道筋だとした。他方で、結婚に際して、個々人が、それまでの人生で育んできた期待、渇望ややり残した宿題のようなものを持ち込み、それらが満たされることを意識的、無意識的に望むのも事実である。

離婚は、すべてが完結してしまった結果であることも稀にはあるだろうが、大多数は、多くのものが裏切られ、果たされ得ないことを知った結果として生じる。だから、離婚においては、傷つき、失望、幻滅、自己嫌悪が、特有の愛憎に色づけられながら渦巻くことになる。ホームズの社会的再適応評価尺度においても、離婚は「配偶者の死」に次ぐ高ストレスのライフイベントであることが示されている。そして、夫婦の「救済」や「個性化」はともかく、この激しい渦の中には子どもたちも巻き込まれることになるのである。

離婚問題に関わる支援者には、複数の潮流が激しくぶつかり合う場所で潮目を読みながら、小舟を操るような作業が求められる。

筆者は、国立病院の精神科、家庭裁判所、現在の大学付属外来相談機関のいずれの場でも夫婦の面接を経験しているが、ここでは、家事調停の事例を取り上げる。ここでは匿名性の確保のために、類似した複数の事例を合成しているが、本質を損なわないよう経過ややり取りは事実に即している。

一　事例

夫婦ともに四一歳、一一歳の長女と八歳の長男がいる。夫婦は夫の浮気がもとで、四年前に夫が出て行き別居。夫は勤務先も辞め、以後三年余り居場所が不明だった。生活費の送金はあり、妻が二人の子を育ててきた。今回は、夫から離婚調停が申し立てられ、妻からは円満調整（離婚をせずに円満な夫婦関係に戻ることを希望する趣旨）の申し立てがなされている。二回の調停期日で、夫は一貫して離婚を希望、夫には三年余り一緒に暮らす女性がいる。妻は、当初、夫が戻ることを強く希望したが、戻らないなら子を夫側に引き取って欲しいと主張した。妻は、その後の調停に二回連続で無断欠席し、暗礁に乗り上げてしまったため、家事審判官（裁判官）から筆者（当時家裁調査官）に「妻の出頭勧告」（調停への出席を促すこと）と「意向調査」の命令が下った。

1　夫面接

命令は、上記のようなものだったが、妻の不出頭に至る経緯には複雑な背景が読み取れ、命令通りに直ちに妻と接触を持っても解決にはつながらないことが想像できたため、裁判官の許可を得て、まず夫と面接した。夫によると、妻は地方出身で人付き合いの苦手な人で、結婚当時から住んだ社宅でも周囲になじめず、帰宅した夫に毎日愚痴や不満を言っていた。特に病気がちの下の子が生まれてからはエスカレートして、最初は一生懸命聞くように努めていた夫も疲れ、四年ほど前に女性と関係を持ってしまった。これは、一時の浮気だったが、妻にばれてしまい、妻は夫を毎日責め続けた。夫は、責任も感じ、ずいぶん悩んだが、妻との生活には耐えられなくなって、数カ月後に家を出てしまった。別居してしばらくして知り合った女性と暮らすようになり、協力して妻子に生活費を送り続けた。この間に二回ほど離婚を持ちかけたが、妻は拒絶した。半年ほど前に妻に夫の居場所が判明、妻の申し出による子との面会も含め、何回かのやりとりがあった後、離婚調停を申し立てるように妻から要求されたという。しかし、いざ夫が離婚の申し立てをしてみると、妻は反対に円満調整の調停を申し立てて来、あげく調停に出てこなくなってしまった。子どもたちには責任を感じているが、これだけ年数が経って戻ることはまったく考えられないし、戻ってこいという妻の主張も本気とは思えない。ましてや子を引き取れというのは、私と今の妻への嫌がらせとしか思えず、これも本心とは思えない、と話す。夫の話は率直、具体的で、事態の推移を左右しているのが妻側の感情であることが推察された。

2　妻宅訪問

あらためて裁判官に相談し、妻と連絡を取るに当たって、子どもたちを引き取らせたいという妻の主張に沿った方が妻の納得が得られやすいと考えられたので、「子の環境調査、意向調査」を命令に加えてもらった。その趣旨で「子どもの状況を見させて欲しい」と妻に連絡を取ると、家庭訪問への承諾が得られた。

聞いていた子の帰宅時間より少し早く訪問し、妻と面接。妻は、「子どもたちはお父さんが大好きで、居所がわかってから二度ほど遊びに行かせたが、とても喜んでいた。私は今でも夫を愛しているし、戻ってくればいつでも迎え入れる気持ちだが、だめなら子どもたちは夫の方に行く方が幸せだと思う。夫のアパートの近所で聞いたところ夫の内妻はとても優しい良い女性だそうで、仲の良い理想の夫婦だということだった。私のような母親のところに居るよりずっと良いはずです」と静かだが思い詰めたような口調で語った。「自分は買い物に出かけるので、子どもの気持ちをゆっくり聞いて欲しい。子どもには、裁判所の人に本当の気持ちを話しなさいと言ってあります」と言い、外出の支度を始めた。

住居は二間に台所のアパート。綺麗に片付き、女性らしい彩りも凝らされて、子どもとの生活を日々大切に過ごしている様子が窺える。箪笥の上には、写真立てがいくつか飾られているが、父母と子の楽しそうな記念写真が複数あるのが目についた。

3　子の面接

子ども二人が帰宅。母から聞かされていたこともあって、緊張の面持ちながら挨拶をし、母の出してくれたお菓子を食べながら話をした。母はまもなく出かけたが、母とのやりとりは自然で関係の良さが伝わってくる。姉は子どもらしい表情の中にもしっかりしたお姉さんらしさを感じさせる。弟は甘えん坊で、何かといっては姉の方を見てはくすぐったそうな笑い顔をする。尋ねると、学校生活も順調で、楽しく過ごしている様子がわかる。打ち解けた様子が見えてから、人物を「父」

と「母」としてＨＴＰＰ（House-Tree-Person-Person）を描いてもらった。詳細は省くが、姉の父母像はそれぞれ漫画化されており、いずれも少々困ったような寄り目が特徴的、母には角とたぬきのようなしっぽがある。弟の描いた父は表情が硬くこめかみ、口の形に緊張感がある。母には姉のまねをして角を描き、「こら」と言わせているが、表情は穏やかである。弟は全体に幼い絵だが、父にはワイシャツの襟、ネクタイなどを丹念に書き込み関心の高さを感じさせる。姉、弟とも父の特徴である頬の黒子を大きく書き込んでいる。母の絵の角について尋ねると、二人で笑い合いながら「お母さんは怖いよ」と話してくれる。表情、話し方から、言葉とは裏腹に母への安定した愛着が受け取れた。箪笥の上の写真について聞くと、弟が父と一緒に写った写真を持ってきて、「○○に行ったときの写真」と話す。姉が「お父さんとはときどき会いたい」と言い、弟もにこにこして無邪気に頷いていた。父と会ったあとでも、母との関係が動揺している様子も現時点ではなく、母も適切に振る舞っていることがわかった。

母が帰宅、二人は母のところに寄って行き、何を買ってきたのかなど話をしていた。

見送りに出てきてくれた母に、子の様子がよくわかったと礼を言い、調停とは別に、あらためて時間をとって話を聞きたいと伝えると、裁判所での面接の承諾が得られた。

4　妻との面接

当初は、訪問時と同じ主張をし、硬い表情。筆者から見る限り、子どもたちは父に対する愛着も持っているが、それ以上に母との生活に満足し安定していると見られること、母が子どもたちとの生活をとても大切に過ごしている様子が伝わってきたことを話し、この間の母の苦労をねぎらった。母は、一瞬和らいだ表情になったが、すぐに「でも片親より、両親が揃っている方が幸せだと思います」と目を据えて言い、「私は、いつでも夫を受け入れます」と語って、口をぎゅっと結んだ。筆者が黙っていると、「駄目なら、あちらに行くのがいい。女性は本当にやさしくて良い人なので……」と続けた。この間の生活状況、子どもたちの学校での様子など尋ね、妻も答えてくれたが、全体に沈黙の多い、重い雰囲気の面接だった。

ただ、妻の様子から、胸に秘めたものを感じたので、是非もう一度会いたいと伝えると了承が得られた。

二回目の面接。前回よりもどこか悲しげな表情に見える。「お子さんたちは元気ですか」と声をかけると「はい」と答えるが、言葉が繋がらない。やがて、「私は、田舎者で人付き合いが下手。社宅のつきあいもどうしたらよいかわからず、夫に愚痴ばかり言っていた。弱かった下の子のこともあって、今考えると普通の状態ではなかった。夫が浮気をしたとき、完全におかしくなってしまい、毎日お酒を飲んでは夫を責め続け、会社にまで訴えてしまった。それでも夫は謝り続けてくれたが、ある日出て行ってしまった」と語り、「私が夫を追い出してしまったのです。子どもたちの父親を」と泣き崩れた。夫が出て行き、しばらくは気が抜けたようになっていたが、その後、生活費が送られてくるようになり、気を取り直してとにかく子どもと生活してきた。夫を責め続けた日々を繰り返し思い出しては悔い、苦しんできたことを話し続けた。筆者は、ひたすら耳を傾けるだけだった。最後に、妻は「夫がいない生活は考えられません。帰って欲しい」と絞り出すように言い、話を終えた。

筆者は、関わった当初、矛盾した主張をする妻の表情に凝り固まったような頑なさを感じ、妻に対するネガティブな感情（「これは手がつけられない」といった）を内心に感じていた。しかし、整った生活ぶりと子どもたちとの関係を見、話を聴くうち、「意地と後悔かもしれないが、こうした思いを支えに生きていくのもひとつの人生かもしれない。今しばらくはそっとしておいてあげたい」といった心持ちになっていた。そこで、妻の最後の言葉に対しても、「そうですか」とだけ応じ、「お子さんの様子を知り、お母さんの意向も再確認できたので、調停に戻すことになります。しばらくすると再度調停の呼び出しが来ますが、どうするかはご自分でよくお考えになって下さい」とだけ話して面接を終えた。

5　その後

夫には電話で、子の良好な生活状況を簡単に伝え、調停に戻すことを伝えた。

審判官、調停委員会に対しては、家庭訪問と面接の概略を報告し、「もし妻が出席しても、説得的にかかわらず、話を聴いてやって欲しい」と所見を添えた。

次回調停期日後、審判官に呼ばれ、妻が出席し、子の親権者を母として離婚に応じ、養育料などの取り決めをして調停が成立したと聞かされた。

二　考　察

この事例は、調停事件としてはシンプルなものだが、離婚に際しての夫婦の心の動きや援助者に求められるものが良く示されていると思われる。以下に整理して述べる。

1　中立性への配慮

夫婦が揃って相談に来るような場合は別として、夫婦間に紛争的な対立があるときには、援助者は双方との距離感に苦心する。夫が妻側の弁護士の名前を口にした際に「○○弁護士ですね」と相づちを打ったところ、その口調から弁護士が筆者の知り合いだと受け取り、妻側に有利に運ぶに違いないと担当交代を求められた経験がある。それほど離婚紛争中の当事者は敏感である。ときには、各々と会う回数、時間にも注意を払わなければならない。

ただし、こうした外形的中立性への配慮も必要だが、本質的に重要なことは、それぞれを尊重する姿勢を維持し、それを的確に伝えることである。

2 「間」をつくる役割

夫婦の諍いでは、それぞれのもっとも「素」の（しかも否定的な）部分が表面化する。思い詰めて行動し、結果反発を受けるが、一歩引いて考えることができずに、意地のように同じ言動を繰り返してしまう。それは、しばしば相手ばかりでなく周囲からも同様の反応を引き出し、孤立感や被害感を強めて、変化の道を閉ざしてしまう。援助者は、そのような「前のめり」で「息の詰まる」状況に、ちょっとした「間」をつくり、一息入れる役割を果たす存在でありたい。意向、心情を汲みつつも少し異なる視点を持ち込んで、考えるきっかけをつくり、変化の兆しを待つ。表れた変化の兆しは深追いせずに本人に任せることも大切で、本人が自らの変化に戸惑ったり、気づき始めたりしたときに静かに受け止めるような姿勢が肝要である。

3 「感情」の発見

子の意向、福祉への配慮は常に重要だが、残念ながら、大多数の夫婦紛争事例で、事態を硬直させ、混乱させているのは、積もり積もった夫と妻の「感情」である。その理解と解消がなければ、「正しい」結論も持続しない。さまざまな臨床場面で、子どもが示す問題の背景に父母の諍いの残り火がくすぶっていることは実に多い。

「主張」を「主張」としてただ聞くのではなく、実際の行動、生活の実態、表情など多様な水準の事実を的確に見定め、突き合わせて、その間に矛盾がないかを探索する。多くの場合、矛盾のあるところに、鍵となる「感情」が隠されている。そんな部分を見つけたら、注意深くその周辺を探っていく。ただし、そんな「感情」の在りかが見つかっても、援助者の側から明確化を試みるのは多くの場合得策ではない。それらは、夫あるいは妻が、自ら恥じ、だからこそあからさまに表現できないでいたものである。明確な言葉にされてしまうのはあまりにつらい。理解しつつ、そっと受け止めておく心持ちが大切であろう。

4　それぞれの「必然性」をなぞる

夫婦の争いの過程では、日頃のその人物の水準からは想像できないくらいの「愚かな」振る舞いが見られる。話を聴くうちに、正直な感覚として「なんて人だ」「愚かしい」「どうしようもないな」といった否定的な感情が生じてきてしまうこともある。確かに客観的に見て、一方がはっきりと「悪い」こともある。しかし、離婚の心理調整では、援助者が一方だけを否定的に見ているうちは、当事者の自律的、自発的な解決の道は進まないように思う。一見「悪い」「愚か」な側についても、そのように主張し、振る舞う彼（彼女）なりの必然性が理解され、援助者の中に「こんな状況に置かれたら、こう振る舞っても『無理もないかもしれないな』」という心持ちがわき上がってきたときに、何故かケースは自から動き始めるように思う。同じことは一見「正しい」側についても言える。援助者は「正しい」「まともな」側については、思考停止してしまう傾向がある。しかし夫婦紛争では、よく見ていくと、一見「正しく」見える側に「ずるさ」が隠れていることが実に多い。その上で、やはり「無理もないな」と思えるようなところまで理解を深める努力が必要である。

5　生活を支える軸を尊重する

面接を通じて、それぞれの人が何を人生の「軸」として生きているかを知り、意識しておくことは、解決の方向を考える局面が到来したときに大きな意味を持つ。これはことさらにそのことを語ってもらうということでなく、日々の生活を貫く「思い」を感じ取るということである。この事例で言えば、「自責」と「悔い」に苦しみながら生活してきた妻を支えていたのは何だったか。この妻に子を手放させるような解決はあり得ないだろう。

近年、離婚への心理的抵抗感は急速に弱まっている。しかし、夫と妻が日々の生活を共にして深く関わり、親子という究極の絆を通じて結び合った関係を解消するのは、容易なことではない。その過程を適切に支援することが、将来の子の健全な成長に直結する重要性を持っていることを十分に自覚したい。

文　献

A・グッゲンビュール・クレイグ（1982）樋口和彦・武田憲道訳『結婚の深層』ユング心理学選書③　創元社

伊藤直文（2012）「よみとりの視点・伝える工夫―臨床心理アセスメント私論」村瀬嘉代子・津川律子編『事例で学ぶ臨床心理アセスメント入門』金剛出版

Holmes, Y.H., Rahe, R.H.（1967）The social readjustment rating scale. J. Psychosom,Res. 11; 213-218.

佐竹洋人・中井久夫編（1987）『「意地」の心理』創元社

第八章　家族と暴力

――家族間暴力のメカニズムと克服――

はじめに

家族は、多くの時間と空間を分かち合い、価値と感情を共有しながら、誰との間よりも深く交流することのできる人間関係のはずである。その中で生じる暴力は、家族内の人間関係の深刻な歪みの反映と見られることも少なくないが、他方で、それ自体が家族と家族員に大きな緊張と人間関係の歪みを生み出す。本来親密で心の拠り所であることが期待される場に生ずる暴力は、関係者の人生に深い挫折と傷つきをもたらすだろう。

わが国でも最近になって、家族やそれに準ずる親しい関係の中に生起する暴力が注目を集めるようになってきた。もちろん、一時代前にこうした暴力がなかったわけではないが、現代における子育ての困難さ、夫婦関係、親子関係の問い直し、性役割構造の変化、また家族そのものの機能低下による問題の外在化などを背景事情として、これらの現象があからさまになり、問題視されるようになってきたと見るべきだろう。平成一二年五月二四日には「ストーカー行為等の規制に関する法律」、同年一一月には「児童虐待の防止等に関する法律（通称児童虐待防止法）」、平成一三年一〇月には「配偶者からの暴力の防止および被害者の保護に関する法律（通称DV防止法）」が施行されるに至り、文字通りこれらの問題は公的な認知を受けることになったのである。

ここでは、配偶者等の間の暴力（いわゆるDV）と子どもによる家族への暴力（いわゆる家庭内暴力）を対比的に論じながら、家族の中の暴力を考察し、改善に向かう道筋を探りたいと思う。

なお、わが国では、従来子どもによる主として親への暴力を「家庭内暴力」と称してきた経緯があり、家庭内の暴力現象を総称する言葉が存在しない。他方で、わが国で、主に夫婦間の暴力を指すことの多いDVは欧米では家庭内に起きる暴力総体を指すという事情がある。そこで、ここでは家庭内の暴力全体を指す場合には、仮に「家族間暴力」と呼び、子どもによる親への暴力のみを指すときには「子どもの家庭内暴力」あるいは「家庭内暴力」と称し、配偶者間暴力は、通例に従ってDVと称することにする。

家族間暴力には、近年の大きな精神保健的問題である児童虐待やこれも最近注目されつつある介護者による高齢者虐待なども含まれるが、それぞれに複雑で異質な要因が関与しているためここでは直接に触れないことにする。ただし、次節の統計的概観では、暴力現象の全体的展望を得るために、児童虐待や家族外の暴力現象にも若干触れることにする。

一　家族間暴力の現状（統計資料からの概観）

1　DV（ドメスティック・ヴァイオレンス）の現状

内閣府男女共同参画局発表による「配偶者暴力相談センター」（婦人相談所、女性センター、児童相談所など都道府県が法に定めるセンター機能を付与した機関）への相談件数は、平成一四年度の三五、九四三件から一貫して増加を続け、令和元年度には一一九、二七六件と三倍強になっている。その九七・六％までが女性からの相談、七九・八％が婚姻届けの出されたカップル間の相談であった。これとは別に警察庁統計における配偶者からの暴力事案に対する警察対応総数は、DV防止法による実質上の対応一年目である平成一四年度の一四、一四〇件から大きく増加し、令和元年には八二、二〇七件と六倍近くまで増加している。他方で、「裁判所からの保護命令事件既済件数」は、平成一三年度の一、三九八件から平成二〇年の三、〇〇〇件余りまで増加したものの平成二七年頃から減少に転じ、令和元年には一、九九八件となっている。上記相談センターへの相談件数や警察対応総数が増加していることと考え合わせると、より多くの配偶者間暴力が表に出るようになった一方で、司法の関与に至る前の段階での対応可能性が増しているのかもしれない。

表に出やすくなってきたとはいえ、配偶者暴力相談センターや警察署に持ち込まれるケースは、配偶者間暴力のごく一部であることは間違いない。もちろん持ち込むほど深刻でないからということもあるかもしれないが、深刻でありながら表にでないケースも決して少なくないと考えられる。令和三年三月に公表された内閣府男女共同参画局による「男女間における暴力に関する調査報告書」は、全国の二〇歳以上の男女五、〇〇〇人を無作為に抽出して回答を求めたものであるが（有効回答三、四三八人）、過去、現在を通じてパートナーの存在した男女の中で、「殴ったり、蹴ったり、ものを投げたり、突き飛ばしたりの身体に対する暴力」を、配偶者等から受けたことのある比率は、「何度もある」が、男性一・五％、女性三・四％、「一～二度ある」が、男性一〇・六％、女性一三・六％にも上る。被害経験のある人のうち「命の危険を感じた経験がある」と答えた人も、男性の五・〇％、女性の一八・二％に上っている。しかし、男性の五七・一％、女性の四一・六％、全体で四七・四％は誰（どこ）にも相談はしておらず、相談した人でも多くは、友人、知人、家族、親族に相談しただけにとどまることを考えると、暴力の無いパートナー関係が七～八割を占めている反面で、表に表れない暴力が相当数存在することが推定される。

同じ調査で、身体的暴行、心理的攻撃、経済的強要、性的強要を含む被害のあった家族で二六・五％が「子どもへの被害もあった」と回答している点は、児童虐待との関連で注目される。

2　子どもによる家庭内暴力の現状

子どもによる家庭内暴力は、更に実態把握が難しい。医療機関、各種相談機関などにも多数の事例があると考えられるが、それらを総体的に把握する統計は存在しない。唯一の全国統計である「警察の認知した家庭内暴力事犯少年数」（警察庁）を提示しておく（図1）。ここでも顕著な増加傾向が見られ平成一二年からやや減少する時期はあったが、その後は急増し、令和元年には三、五九六件の認知件数となっている。

警察が認知する暴力は相対的に深刻なものが多いとは思われるが、不登校児童、生徒の中に程度の違いはあっても相当数の家庭内暴力が見られることは臨床家の誰もが知っていることである。データは古いが、名古屋大学医学部附属病院精神科外来を受診した登校拒否児を調べた本城（一九八七）による五・七％ないし一六・二％の暴力発現率、岐阜大学医学部附属病院神経精神科外来について調査した曽根ら（一九九一）による八・六％の出現率などを参考にすると、病院精神科を訪れる不登校生徒の一割前後に暴力があると見られる。病院受診例という特殊性をひとまず度外視して、仮に不登校生徒の一割に暴力があると考えるなら、ここ数年の中学生不登校者数一〇万人余り（令和元年度一二七、九二二人）から推計して、中学生だけで一万人前後の家庭内暴力少年がいることになる。更に年少、年長青年も併せれば、その数は更に大きいものになり、警察庁統計が把握しているものが一部に過ぎないことは明らかである。

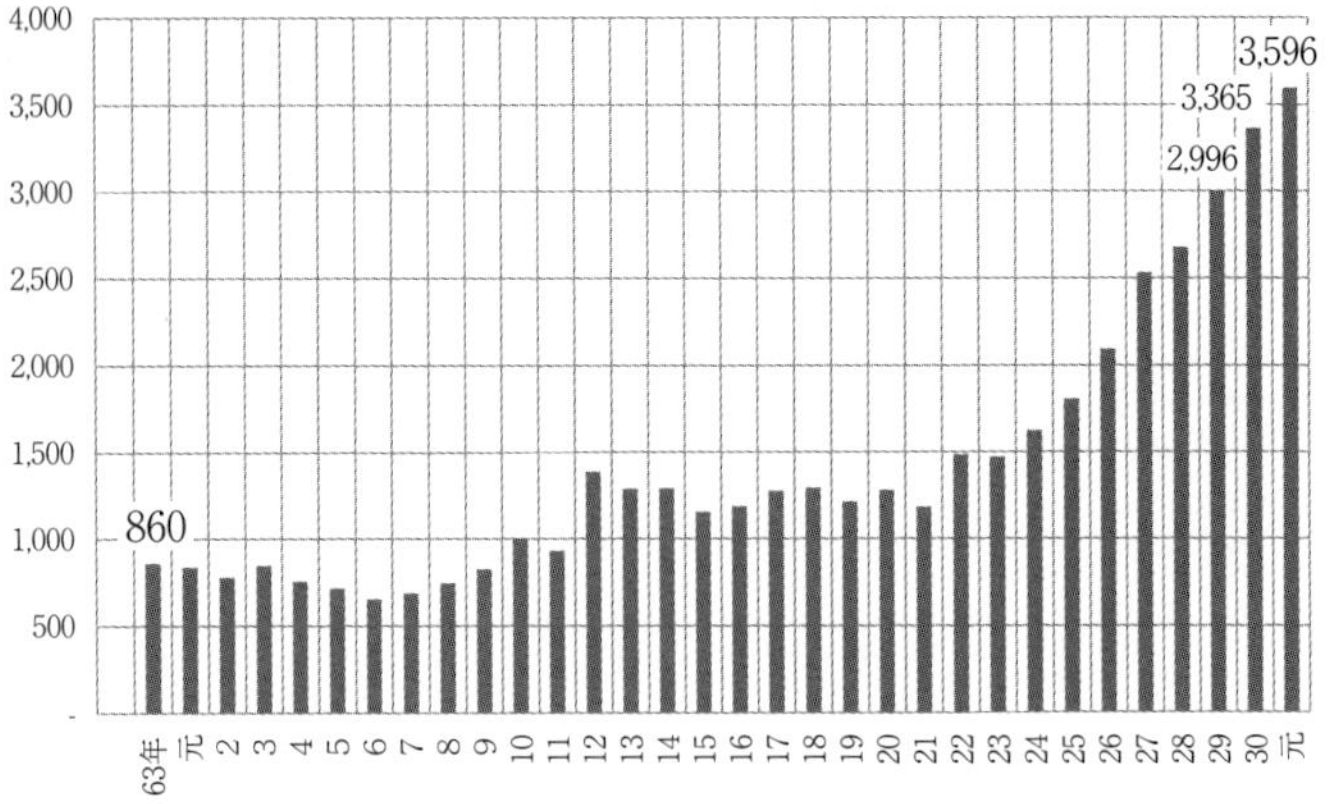

図１　少年による家庭内暴力　認知件数の推移（総数）
昭和63年～令和元年

警察統計に戻ると、平成三〇年度において、暴力の対象は母親が六〇・八%と圧倒的に多く、家財道具などに対するもの一三・五%を除いたものが、父、兄弟などへの暴力である。少年の学職別では、中学生が四六%、高校生が三〇%程度だが、小学生による暴力の占める割合が平成初め頃の一～二%から一三%前後にまで増えていることが目につく。

３　児童虐待の現状

児童虐待に関しては、法制化以前から児童相談所の統計がある。図２に平成二年以降の虐待相談件数の年次推移を示すが、この問題がメディアを通じて社会問題となり、やがて法制化される経過に沿って、爆発的な増加を示していることがわかる。周知のようにこの虐待相談件数の中には、本

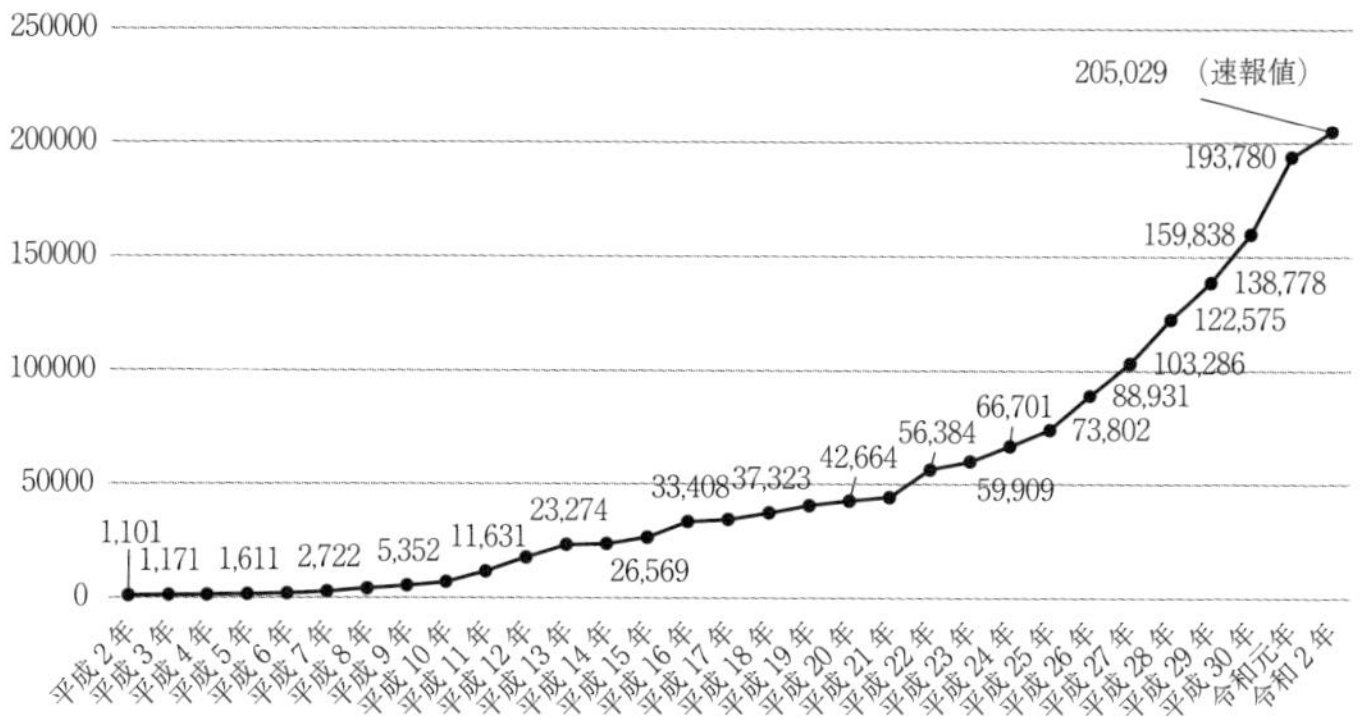

図２　児童相談所での児童虐待相談対応件数の推移
（平成２年〜令和２年）

論で問題にしている身体的暴力のみならず、性的虐待、ネグレクト、心理的虐待等も含まれており、令和二年統計（速報値）では、全虐待相談件数二〇五、〇二九件のの二四・四％、五〇、〇三三件が身体的暴力の相談であった。近年虐待相談件数の加速度的増加の中心は心理的虐待にあり、身体的虐待の比率が相対的に低下しているが、実数では依然として増加傾向にある。

４　暴力的現象の全体像

これまで見てきたように、家庭内における暴力現象は、社会的意識の急激な高まりによる認知数の増加という側面があるにせよ、この三〇年余一貫した増加傾向が見られる。では、社会全体としての暴力的傾向が増しているのだろうか。

他者への直接的暴力としては、殺人、傷害、暴

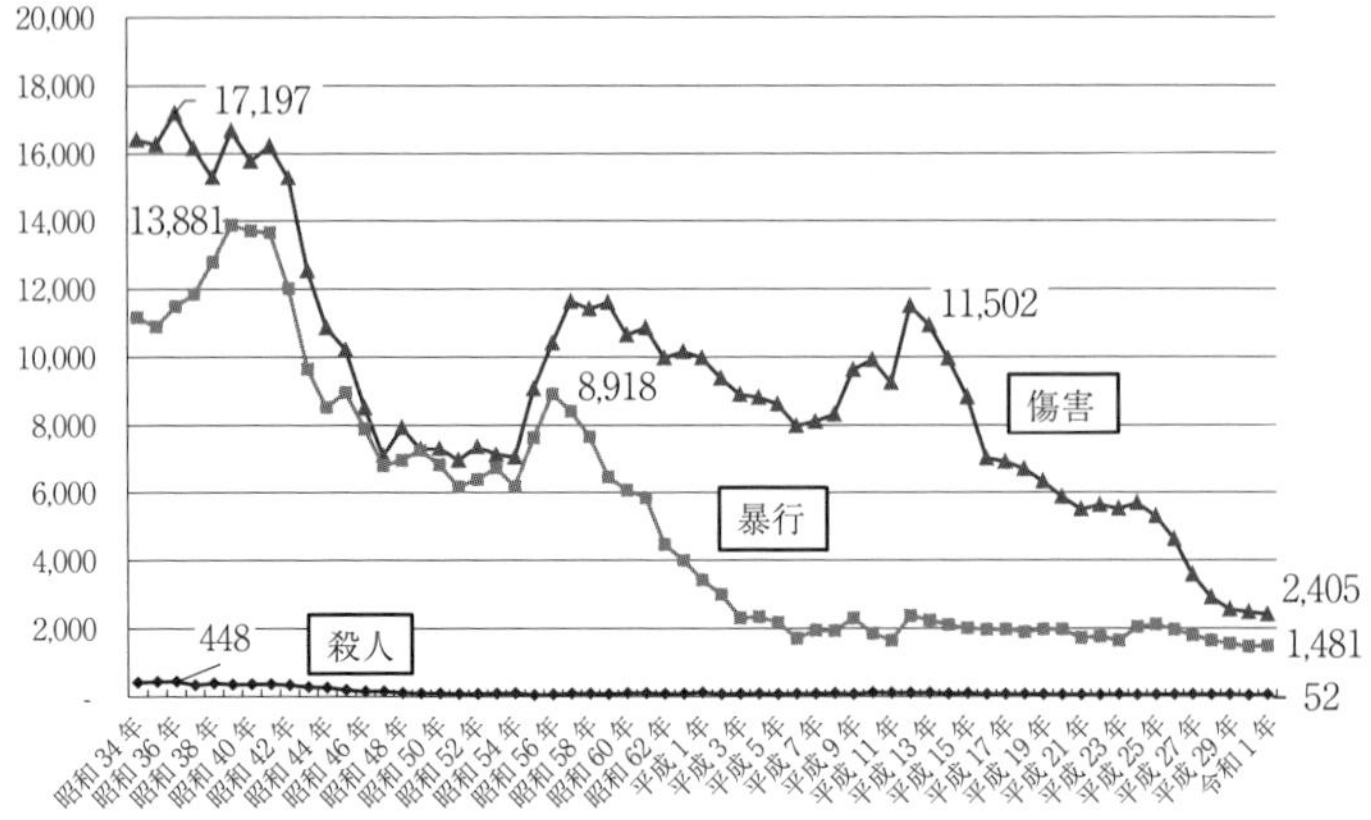

図３　少年凶悪・粗暴事件検挙人員の年次推移
（昭和３３年〜令和元年）犯罪白書から作成

行などの刑事事件があげられるが、少年、成人を含めた全体の事件数を見ると、昭和五〇年代に比較して殺人は半分強程度まで減少、傷害は二割減となり、暴行のみが倍増している。図3のグラフは、少年の殺人、傷害、暴行事件の検挙件数の推移を犯罪統計から作成したものだが、昭和五六〜七年頃、平成一〇年頃に増加があったにしろ、暴行も含め全体としては明らかに減少傾向にある。特に究極の暴力と言える殺人を見ると昭和年代からは一〇分の一程度にまで減っている。暴力的非行・犯罪率は青年期に高く、成人すると急激に低下していくのが従来だったが、最近は青年期の社会での暴力傾向は低下し、二〇歳代の成人とほとんど変わらなくなっている。こう見ると、少なくとも社会の中で他者に向けて振るわれる暴力は、むしろ減少傾向にあり、その傾向は特に未成年者で顕著であることがわかる。

もうひとつ自分に向かう攻撃の反映として自殺統計を取り上げておく。自殺総数は、昭和三〇年代と昭和の終わりから平成初めに目立ったピークがあり、平成一〇年以降には一〇年余り続くかつてないほど大きなピークがあったが、現在ではかつてのレベルに戻っている。平成一〇年以降のピークを形作っていたのは、五〇歳代六〇歳代の男性の増加によるものだったが、令和に入る頃からは一〇歳代二〇歳代に増加の気配が見られるのは気がかりである。

ともあれ、近年の家族間暴力の増加は（実増なのか否かはひとまずおくとして）、社会内の他人への暴力傾向とは一致しない。過度の単純化を怖れずに言えば、現代のわが国における暴力発現の位置は、個人とその周辺の領域に偏っており、やはり増加傾向にある「いじめ」も併せて、抵抗できない弱者に向かう傾向があると言えそうである。

二　家族間暴力の実像と諸特徴

ＤＶ、子どもの家庭内暴力のいずれも、個別の具体事例には非常に多様性があり、これこそが典型例と言える例を挙げるのは難しい。ここではそれぞれについて一例を提示した上で、比較的多く見られる特徴と当事者の心理を整理しておきたい。各事例は、守秘のため複数の例を合成したものであることをお断りしておく。

特徴、心理においては、暴力加害者の精神病理も臨床的に重要な点だが、「家族と暴力」の関わりを考察する本論の主旨からして、それらに触れるのは最小限に留め、むしろ暴力にまつわる当事者の心の動きや家族の変容に焦点を当てて記述したいと思う。また、暴力のある家族が形作る家族風土や加害者と被害者の陥る独特の人間関係のあり方には、DV、家庭内暴力に共通するところが大きいので、次節に併せて整理することにする。

1 DV（ドメスティック・ヴァイオレンス）の実像と諸特徴

【事例A】

三五歳の主婦A子さんは、離婚を求めて調停を申し立てた。

三歳上の夫と結婚して九年が経ち、二人の間には六歳と四歳の子どもがいる。夫は有名私立大学を卒業、大手証券会社に勤めている。A子さんは女子大卒だが、運動系サークル活動を通じて学生時代に夫と知り合い、卒業後夫が会社派遣の留学から帰るのを待って結婚した。夫はサークル内でも社交的で細やかな気遣いをしてくれるところがあって、良い人だと思った。交際を始めて、自分の思い通りにしないと気の済まないところや友人を無能呼ばわりするところがあったのは気になったが、実際有能な人だし、頼りがいのある男性と思って結婚した。結婚当初はA子さんも仕事をしていたが、休日になると夫の母が訪ねてくるのが苦痛だった。徐々にわかってきたのは、夫の父は非常に気むずかしい暴君で、義母は息詰まる毎日を送っているらしいこと、義母が優秀な長男である夫を溺愛していることだった。義母が来ては夫の世話を焼くのが、A子さんには自分への当てつけのように感じたが、A子さんもなるべく義母と同じように夫の身の回りの世話をするように努めた。

A子さんの妊娠と前後して、夫の関西転勤が決まり、A子さんは退職。転居後、長男が生まれてから、夫は徐々にA子さんに苛立ちを見せ、家事に注文をつけるようになった。長男が八カ月のときに、育児に疲れたA子さんが家事の手助けを頼むと夫は「俺は仕事をしている。家事はお前の仕事だ」と怒りだし、A子さんを突き飛ばした。その後は、夫がパソコンで家計管理を始め、一週間毎にA子さんに家計報告を出させるなど、細かく注文を出すようになった。A子さんは必死に従っていたが、夫は気に入らないことがあるとA子さんを無能呼ばわりし、抗弁すると手を出すようになった。夫は大柄で非常に体力があり睡眠時間も少なく、A子さんが疲れて寝ていても、朝五時前には起きて活動開始し、後から起きるA子さんに嫌みを言った。そんな中でも次男が出生し、A子さんは子育てに忙殺されたのと、徐々に夫を怒らせるのは自分が至らないからだと思うようになっていき、とにかく夫を怒らせないことを考えて毎日を過ごしていた。一年ほど前、社宅のテニス同好会に参加するように夫から言われて行くと、同僚の奥さんたちににこやかにテニスの手ほどきをする夫の姿があった。A子さんも加わり、久しぶりに楽しく過ごしたが、帰宅後、夫は「なぜ出しゃばって入ってきた」とA子さんを責め、服装、口の利き方などあれこれ文句を言った。堪らなくなったA子さんが、「他所の奥さんばかりにいい顔をして」と口走ったところいきなり殴る蹴るの暴力を振るわれた。夫に疑問を持ち始めていたA子さんは、翌日に子ども二人と実家に帰り、初めて父母に夫のことを相談した。

翌週末、夫がやってき、A子さんや父母に「今は自分にとって一番大切なときなので、戻って欲しい。暴力は決して振るわない」と頭を下げた。A子さんは、プライドの高い夫が頭を下げたことに驚き、子どものことも考えて戻ろうと決め、父母もそれを勧めた。しかし、帰宅後しばらくすると、夫は暴力は振るわないものの、A子さんの家事、育児などに落ち度を見つけては、「実家に戻って、すっかりダレてしまった」「お前の親は子どもの教育ができない。だからうだつがあがらない」など、ことあるごとにA子さんの実家の悪口を言うようになった。二カ月ほど前に堪らなくなったA子さんが爆発すると夫にひどく殴られた。さらに、体調を崩して寝ているときに性関係を強要してきたこともあり、A子さんは離婚の決意を固め、再び子を連れて実家に戻り、離婚調停の申し立てをした。

調停、調査の中で、夫は自分を正当化し、A子さんの至らなさを強調したが、A子さんの意思が極めて堅いことを知ると、最終的には離婚に同意。A子さんの求めた慰謝料にはどうしても応じなかったが、名目を変えて「解決金（子どもの新生活への準備金）」を支払うことに同意した。担当者には、夫が最後まで子どもに対する気持ちを表さなかったことが印象的だった。

〈特徴・心理〉

この事例は、ＤＶの中でも重篤なケースとは言えない。しかし、より深刻なものも含めた多くの事例に共通する特徴を持っている。

a　加害者の特徴と心理

配偶者に暴力を振るう人には、精神病水準の精神障害の人もいるし、深刻なパーソナリティ障害を有していたり、アルコールを中心に薬物依存であったり、反社会的な性行を持っている場合も少なくない。また、広い意味での生活破綻者で社会経済的に困窮し、そこから生ずる強いストレスの影響を受けていることも多い。しかし、ここであげた例のように、むしろ表向きは社会的な成功者で直ちに指摘できる人格的病理性を有さない加害者も数多い。ＤＶ加害者には、あらゆる社会階層、教育水準の人が存在するのである。

レノア・Ｅ・ウォーカー（1979; 邦訳 1997）は、著書の中でＤＶ加害者の特徴として、①自己評価が低い。②虐待関係について（バタードウーマンに関する）すべての神話を信じている。③男性至上主義者で、家庭における男性の性別役割を信じている。④自分の行動を他の人のせいにする。

⑤病的なほど嫉妬深い。⑥二重人格を呈する。⑦重度のストレス反応を示し、このため酒を飲んだり、妻を虐待する。⑧男らしさを回復するために、セックスを支配的行動として利用することが多い。両性愛者でもあり得る。⑨自分の暴力行為が悪い結果を生むとは信じていない、の九つを挙げている。

また、小西聖子（2001）は、①共感性の欠如、②情緒の不安定、③激しく不安定な対人関係と見捨てられないための常軌を超えた振る舞い、恐怖と怒り、④男らしさへのこだわり、の四点から加害者の特徴を論じている。

ここでは、これらを参考にしながら、ＤＶ加害者の言動の特徴と心理を整理しておく。

（1）男性至上主義と女性蔑視

何かというと男女の役割を強調し、「女はこうあるべき」と強調する。それは客観的にみると自分に都合の良いことばかりだが、自分は男として重荷を背負って苦労していると主張する。往々にして子どもの前でも「お母さんは女だから」と母の社会的無知や感情的になり易さを馬鹿にする。その信念を支えるものとして、本事例のように自分の父母の関係自体が差別的であったり、夫に不満足な母から溺愛され、過剰に世話をされてきた背景を持つ場合も多い。この男性至上主義は、以下にあげるような特性の原因でもあり結果でもあるだろう。

(2) 基本的な自信のなさと虚勢

本事例のように社会的に有能な人であっても、人間としての基本的自信に乏しいと思われる例がほとんどすべてである。どんなに成功していても、不安で他者からの批判に弱く、人目を気にするが、そうであればあるほど強がりをいい、配偶者をはじめ他人を馬鹿にし、それを配偶者にも認めさせようとする。

(3) 配偶者へのコントロール欲求の強さ

上記事例では、家事の仕方などの点で妻を思い通りにしようとする形で表れているが、頻繁に自宅に電話したり、妻の一日の行動を問いつめたり、記録に書かせたりする例も珍しくない。その場合、落ち度や不審点を見つけては、自分の納得がいくように直すことを約束させたりする。しばしば「教えてやる」「躾ける」という言葉を使うが、本態は自分のコントロール下から離れることを自分への裏切りと感じる不安の強さであり、見捨てられ不安である。妻の離反を感じると、執拗なつきまとい行動を示すこともあり、外見的には明らかに「嫉妬」に見えるが、本人が性愛的嫉妬を自覚していることはほとんどない。他方で、支配行動として性行為を強要することは多い。

人格水準が低い場合、親族、子どもに危害を加えるなどといった脅迫的言動も多く、妻の人間関係を断ち、孤立化を図る行動に出ることが多い。

（4）共感性の低さと自己愛性

他者の行動をコントロールしようとするのは、愛情や信頼といった目に見えないものを信じられず、目に見える行動だけを支配しようとするからである。だから人の中に自分と同じ感情や意思が存在するという認識が薄れ、必然的に他者の立場に立って考えることが不得手である。存在するのは、自分の感情や欲求であり、他者はそれを支えてくれる限りで重要なのである。

（5）対人関係と情緒の不安定さ（ストレスの高さ）

基本的な自信のなさから、対人関係で特にストレスを感じやすく、人目、世間体に敏感であることが多い。本例のように生育歴上の歪みがあることが珍しくなく、対等で安心できる人間関係が結べていない傾向がある。友人関係でさえ上下関係で見るところがあり、自分が上と感じると安定しているが、下と感じると不安になり、怒りが生じる。

（6）否認と嘘と責任転嫁

相手の感情など自分に都合の悪いことは否認しがちで、いくらかでも認めなければならなくなると責任転嫁したり、嘘をつく。現実に直面せざるを得なくなると、全面降伏して「土下座」したりもするが、時が過ぎるとそれ自体を否認して、以前と同様の言動をくり返したり、本事例のように、直面させられたことを恨みに思い、責任転嫁して執拗に周囲を攻撃することもある。こうした両極的な態度は、統合された自己像の保持を困難にし、独特な二面性を形づくる。外面がよく、配偶者への暴力が明るみに出たときに「まさかあの人が……」と驚かれる場合も珍しくない。

b　被害者の特徴と心理

ＤＶの被害者は、加害者に比して病理性を持っている割合は少なく、その特徴的心理の多くは身体的・心理的な暴力に晒され続けた結果として生じたものと言える。だから、加害者以上に被害者にはあらゆる年齢、階層、学歴、性格の人たちが含まれている。ジュディス・ハーマン（Herman, J. L., 1999）は、ＤＶ被害者のみならず、人質、戦時強制収容所生存者、組織的性的搾取などの長期にわたる権力的コントロールを受けた人たちに共通して見られる反応として「複雑性外傷後ストレス障害」を記述し、これらの症状は長期間の反復的外傷を経験した人たちが、その環境を生き延びるために持たざるを得なかった適応症状であるとした。以下に、ＤＶ被害者に特徴的な心理を示す。

(1)　視野狭窄

加害者の暴力を怖れ、びくびくするうちに、加害者の感情を害さないことが生活上の最優先事項になってしまい、その他の判断軸、価値が徐々に失われていく。加害者との関係に没頭し、時に見せる加害者のやさしさ（のように見えるもの）をこの上ない恩恵のようにさえ感じ、ますます加害者の基準に合わせるようになる。次第に加害者に同一化し、加害者を自らの指導者と感じるようになることさえある。一種の洗脳状態になり、外から必要な情報は入らなくなって、援助に対しても反応しなくなることがある。

（2）不安、不信と緊張

いくら加害者の感情を害さないようにしても、加害者はさまざまな罠をしかけ、罠にかかった被害者を攻撃する。加害者への適応に完全ということはなく、常に不安と緊張を強いられる。慢性的な緊張は、神経疲労と抑うつと自我の弱化をもたらす。

（3）自責と怒り

加害者と自分の間で完結する因果循環の中で、唯一改善への道と思われるのは、自分がさらに努力をすることであり、そのようにできない自分が不十分なのだと感じるようになる。「私が怒らせるからいけない」「私が馬鹿だから」「私が失敗ばかりするから悪い」などと自分を責める。他方で、どこかで加害者の理不尽さも感じ続けているので、怒りと屈辱感を潜在させており、それが加害者を刺激することもあるし、時に被害者側の感情の爆発につながる場合もある。

（4）孤立化と無力感

加害者への没頭により、社会的に孤立化し、徐々に自分は一般社会では生きていけない無能力な人間だと思うようになる。それがまた加害者への没頭を生み、不幸な状態から抜け出す術もない自分に深刻な無力感を感じる。加害者に絡めとられた生活の枠から外れること自体に恐怖と恥の感覚を持ち、誰かに相談したり、助けを求めることが出来なくなる。

（5）否認と解離

長期化するに従い、受け入れがたい現実を否認して、「本当は良い人」「いつか変わってくれる」「自分がいなければ生きていけない人」などと考えるようになる。精神的に耐えうる限度を超えた深刻なケースでは、解離症状が生じることもある。

（6）さまざまな症状

事態が長期化するとともに、慢性的な悲哀、集中困難、不眠や過眠、悪夢、頭痛などの身体的不調、うつ状態、パニック症状、過食・拒食、アルコール等の薬物依存、自傷、自殺念慮などさまざまな症状が発現する。

(7) 病理性

先に被害者は加害者に比べて病理性が低いと記したが、臨床事例においては、生育歴的に形成された被害者自身の特性が暴力被害に遭う一要因となっているとしか思えないような事例が珍しくない。父親の暴力に晒されて育った女性や性犯罪被害に遭った女性が、半ば無意識的に暴力被害に陥るような男性関係をくり返し選択するといったケースが存在するのも事実である。ただ、こうした指摘をすることは非常にデリケートな側面を持っており、間違ってもそれが世間的に言われがちな「被害者にも何かあるのでは?」と同水準のものとして論じられることがあってはならない。

c 家族の変容と子どもへの影響

DVのある夫婦では、上に記した両当事者の心理と特徴からも読み取れるように、病理的な相互適応関係が生じる。夫の理不尽な暴力は妻の夫への専心を生じ、その結果として妻が陥る視野狭窄や社会的無知は夫の女性蔑視的信念を強化する。夫の拘束によって無力化された妻は、自らの生の意味を見いだすために次第に夫の男女差別的価値観を受け入れるようになり、束縛されていることを愛情と誤認することさえ生じる。しかし、妻の心の底にある敵意や怒りは、夫の自信のなさや対人不信を刺激し、夫側の暴力や統制欲求を強化してしまう。DVのある夫婦が長期にわたって家庭生活を継続した場合、このような非常に歪んだ家族文化が形成されていくのである。

このような夫婦関係の歪みは、夫婦である親自身には自覚されないまま子どもに影響を与える。相互に尊重しあう対等な人間関係を身近に経験できないことは、子どもの健全な社会性の発達を阻害するだろうし、緊張を孕んだ家庭の雰囲気は、子どもに不安を生み、基本的な安心感と自尊心に乏しい性格を形成するだろう。

愛情欲求不満に陥っている母親の過剰な愛情の受け手として育った場合、十分な世話を受けていても自分という存在が真に尊重されているとは感じられず、母との関係は困難なものになりやすい。男の子は、母に同情的で家族の間を取り持つ苦労人になる場合もあるが、母の献身を受ける中で結果的に父親と同じ自己中心的な人物になってしまう場合もあるように見える。女の子は、同性として母に同情的な気持ちを持ちつつも女性の生き方として母のあり方に反発する気持ちもあり、非常に葛藤的になりやすいようである。

男の子、女の子ともに、ある程度年長になるにつれ、自らの家庭のあり方から生じる葛藤を抑え込み、自身の感情を切り離して、家族内で起きることに無関心、無感動になっていく一群の子どもたちがいる。こうしたタイプの子どもたちは、表面上社会適応は良好な場合が多いが、内的適応には困難が大きく、自分が家庭を形成していく途上で改めて障害に直面する傾向があるように思われる。別の一群は、年長になり、一定の身体的、社会的パワーを身につけると、葛藤を外在化し、自ら暴力的になっていくかもしれない。

2　子どもの家庭内暴力

【事例B】

本例については、簡単な治療経過も含めて記しておきたい。

中学三年のB男くんの家庭内暴力を主訴に母が来談した。

専門職公務員の父、パートの母、三歳年少の弟の四人家族。父は細かい性質で言葉が多く理屈っぽいが、自分では大らかな性質だと言う。母は控えめで自信がないが頑くなな一面もある。弟は、学業成績も良く、明るく甘え上手で家族の話題の中心。

幼稚園時から一人遊びの多い子どもで、母は社交性のない自分の父親に似ているように思って苛立つことが多く、つい友達の中に押し出していた。小学校に上がり、担任教師が非常に厳しい人だったことも手伝って、父母がだらしない本人をカバーしようと口うるさく注意するようになり、本人は萎縮、小学五年から登校渋りが始まった。六年時、母が父に本人のことを話していたところ突然怒りだし、母の腕に噛みついた。中学入学後、不登校傾向はひどくなり、二年生二学期からはまったく登校しなくなった。

この頃から、「話をちゃんと聴いていない」など言っては、母の髪を引っ張る、噛むなどの暴力を振るうようになった。暴力は徐々にエスカレートし、母を自分の部屋に連れ込んでは殴る、蹴るなどすることが週に複数回ある状態になった。父は、自分が入るとよけいに暴力がひどくなるからと介入しない一方で、母に「こうした方がいいのでは」など意見を言うので、母はよけいにつらくなった。母は精神的に不安定になり、精神科クリニックを受診したが、そこでの対応に傷つき、筆者の所属する研究所に来談した。本人が中三の秋であった。

筆者は、母を支えるとともに、父も交えて暴力に対する基本方針を確認した。暴力を生じる場面をなるべく避け、刺激しない工夫や一定の基準を確認して、それを越える場合は入院を考えることなどを話し合った。基本方針を確認したことで父母の態度が多少一貫するようになり、B男くんの暴力は減少してきた。平行して、筆者からは本人に手紙、はがきなどで接触。両親には、緊急時の逃げ場の意味と家庭の閉塞性を破る意味を兼ねて、理解ある親族に事情を打ち明けるよう勧めた。事情を知った伯母が幼い孫を連れて訪ねてくれ、B男くんも伯母と話をしたり、従妹の子と遊んだりするようになった。「不安だ。不安だ」と言って、母を離さず同じ布団で寝て欲しがる一方で、「違うんだ。違うんだ」と言いながら母を殴ることもあった。この頃、B男くんは、母の面接に二回だけ着いて来、筆者とも言葉を交わした。

不登校枠で高校進学が決まった後、家族合同面接実施。一緒に遊ぶ場面では本人も嬉しそうにしており、今一番欲しいものとの問いには「金」と答え、「どういうお金？」と問うと「自分で稼いでみたい」と語った。高校は、意外にも順調に通い、友人もできた。「自分はもう良くなった」と母がカウンセリングに通うことを禁止、母は隠れて通所するようになった。暴力はあっても、立ち直りが早くなるとともに、言語化することが増え、あれこれ心配して先回りする母に対して「そんなに追いつめないでくれ」など表現するようになった。高校は、補習、再試験などを重ねて二年進級したものの登校しなくなった。筆者は、自重を求めたが、父母は次の進学先を求めて奔走し、通信制高校への入学を決めた。実際には、入学したもののまったく課題もやらず、母が焦り始めるにつけ、再び暴力悪化。家族のたてる物音に敏感になり、ひきこもり状態がひどくなる。母親面接の中で、母の行動が結果的にB男くんを追いつめていることが洞察され、学校その他、母がB男くんの肩代わりをしないようになる。

B男くんの物音への過敏さは激化し、家族は息を潜めて生活する状態。ゲーム機の電源接触が悪く、ゲーム途中で切れたりすると、母に「謝れ。とにかく謝れ」と暴力を振るい、母はよくわからずに謝らされた。大事なビデオ予約を母にやらせ、何かの加減で取れていないと母に当たり散らした。また、B男くんが置きっぱなしにしたものを勝手に片づけると怒るので、掃除もままならない状態で、家中が散らかり放題だった。母は「自分たちが普通の生活をすることが大事。このままでは奴隷になってしまう」と言い、受験期の弟の勉強部屋と緊急時の避難先としてアパートを借りる決意を固めた。

翌春、母はB男くんの暴力で骨折し数日入院。退院後、筆者から最低三週間は帰宅しないこと、携帯電話にも出ないことを勧めた。母は、アパートで弟と生活を始め、B男くんは父と二人の生活。

B男くんには、父から「お母さんは、暴力のために精神的に弱くなってしまい、一緒に暮らすことができない。また戻って欲しいのだったら、今は休ませてあげなくてはいけない」と伝えた。父との生活は、予想外に落ち着いたものとなった。父母と今後のタイムスケジュールを相談、別居三週間後に母は初めて帰宅。B男くんは、泣いて「帰ってくれ」と懇願したが、母は予定通り、夕食の支度をして二時間で帰った。ほぼ一〇日毎に二時間程度帰宅するうち、B男くんは母の手伝いをするなどして安定化。弟も家に立ち寄るようになり、B男くんも喜んだ。二カ月後からは、母は不定期に予告なく帰宅するようにし、B男くんもそれを淡々と受け入れるようになった。毛嫌いしていた父との交流も増え、一緒にスポーツ観戦に出かけたりするようになった。四カ月半後、母らが帰宅。母は、この間の面接で、助けてくれないと割り切れない思いを抱いていた父に対して感謝を表明するようになり、また、自身の父親への受け入れがたい気持ちとB男への気持ちの関係についても洞察を深めていった。

その後は、ときに感情の爆発と暴力もあったが、母が動揺しなくなり、疲れたときには借りたままになっていたアパートに泊まりに行ったりしてやり過ごせるようになった。母とA男くんも率直な会話が可能になり、互いの不平不満を言い合える関係になり、暴力もなくなった。半年後アパート解約。さらに半年ほどして、B男くんは昔の友人の誘いでアルバイトを始め、大学生を中心に複数の友人も出来た。自信がついてくると、進路についても考え、父母とも話しはじめ、大検受験の上、進学を考え始めた。治療目標の一つとして父母と話し合っていた「家族と冗談を言って笑いあえるようになること」が実現し、まだ将来の心配はあるものの、治療終結とした。

〈特徴・心理〉

a　家庭内暴力を呈する子どもの特徴と心理

家庭内暴力についても、子どもの側の器質的障害や精神病理的問題が関与する場合は少なくないと考えられるが（本城 1982, 1983; 滝川 1995）、ここではそれらには触れず、性格的要因、生活史的心理的要因について概観しておく。

子どもの性格特徴については、さまざまな指摘がなされている。本城（1998）は、①強迫性、②他者への配慮性（過敏性）、③対人関係の希薄性、④自己中心性の四つに整理しているが、その他にも、幼児的な依存性、傷ついた自己愛と空疎な自尊心、情緒の不安定さなどを指摘できる。手島（1987）は、これらを「内向的でわがままで欲求水準が高く、几帳面で完全欲が高いため妥協しにくいという挫折しやすい性格」とまとめ、暴力発現の契機となる「挫折」に収斂させて考えている。暴力的関係の持続の中で、顕在化する子どもの側の心理的特徴は、先述したDV加害者のそれと非常に近縁性が高く、①基本的自信のなさ、②コントロール欲求の強さ、③共感性の低さと自己愛性、④対人関係と情緒の不安定さ（ストレスの高さ）、⑤否認と嘘と責任転嫁、の特徴はすべてそのまま重なると考えられる。

b　父母の特徴と心理

親の性格傾向や養育態度についても、さまざまな指摘がある（高橋 1979; 佐藤ら 1981; 本城 1998）。母親について共通項をまとめると、内向的で不安が強く自信がないため、取り越し苦労をしがちで、強迫的になりやすく、気分も変動しやすい。この結果、子に対しては過保護、過干渉あるいは支配的な養育態度を取りやすいといった母親像が浮かぶ。若林（1993）は、こうした養育態度を取りながら「強迫的な頑固さと他罰的傾向のために、従来の養育パターンを容易に変更できず、患児への対応において患児を刺激し、暴力誘発的に振る舞い、暴力をますます助長し、持続させることになりやすい」と述べている。また、岩井（1980）は、家庭内暴力の家族傾向を三型に分けて論じる中で、母親に共通する点として、「夫への欲求不満」を挙げており、これも重要であろう。

父親については、「家庭の問題に対して無関心もしくは責任回避的傾向」「影が薄く、心理的不在」といったところが共通項であり、自信がない故に子に支配的にならざるを得ない母親を心理的に支えられず、かつ母－子の癒着（不健康な相互依存）関係に楔を打ち込むことのできない父親像が浮かぶ。他方で、筆者の経験でも、父自身がかつて子に対して暴力的、支配的であった事例も存在する。

なお、持続する暴力に晒される中で、親（主に母親）が陥っていく心理的特徴は、DV被害者の心理の項で述べたものが当てはまる。①視野狭窄、②不安、不信と緊張、③自責と怒り、④孤立化と無力感、⑤否認と解離、の五つは、ほとんど暴力に晒されている母親の中に見られる。⑥の症状も、不眠、うつ症状などを中心にしばしば見られる。子の暴力は夫の暴力に比べれば、身体的脅威は低いと言えようが、母子の元来の愛情的絆の強さがあるだけに、母親の傷つき、失望感は非常に大きく、自責も深いように思われる。

こうした子ども、母父それぞれの特質は、相互に刺激し合い、強めあって特有の関係を作っており、一人の性格特徴を取り上げて論ずることはあまり意味がないかもしれない。

c　家庭内暴力を生じる家庭

上述したような家族メンバーが作り上げる家庭の雰囲気は、顕在化はしていなくても相互に他罰的で、寛容性に欠け、皆が愛情欲求不満を感じ、それゆえの攻撃性を潜在させている可能性が強い。

こうしたどこか不寛容でゆとりのない家庭環境の中で、敏感かつ小心で他者の意をくむ傾向の強い子どもは、従順な服従を強いる過干渉な母親の態度と相まって、自らの欲求を抑制しがちになり、健康な幼児的万能感は満たされないまま、肥大化していくと考えられる。ところが、児童期後期から思春期を迎え、他者の社会的視線を強く意識するようになると、一方で肥大化した幼児的万能感を維持しようとし、他方では自分への幻滅と劣等感を感じ、そこから生じる傷つきを避けるために自分の硬直化した適応方式に執着する結果、よけいに他者との折り合いは悪くなる。これには、父の心理的不在と母の支配により、子どもに必要な社会的スキルが育っていないことにも関係している。こうした悪循環の連鎖の最中で、多くの場合些細に見える出来事が、大きな挫折体験をひきおこす。しかし、挫折による傷つきは、上述のような母の養育姿勢のために癒されないどころか、拒否に遇《あ》い、むしろ強められてしまう。思春期には、誰しも自立と依存の葛藤を経験するが、このような親子関係では、子どもは依存もさせてもらえず、自立もさせてもらえない葛藤的状況の中に傷ついたまま放置されるのである。ここに至り、子どもの心に潜在していた攻撃性が顕在化することになる。この攻撃性は、背後に「甘え」を持っているために、容易に「恨み」に転化し、攻撃行動によって晴れることがない。むしろ、子どもは自らの暴力とそれがもたらす結果（親の拒否的反応）に余計に傷つき、さらに満たされることのない依存を求める。この循環の中で悪性の退行に陥っていくのである。この家庭内のプロセスを図４に示す。

三　暴力のある家族に共通して見られる諸特徴

これまでの記述と重なる部分はあるが、ＤＶあるいは家庭内暴力が生じている家族に共通する病理的特徴を特に家族メンバー相互の人間関係パターンを中心に整理しておきたい。

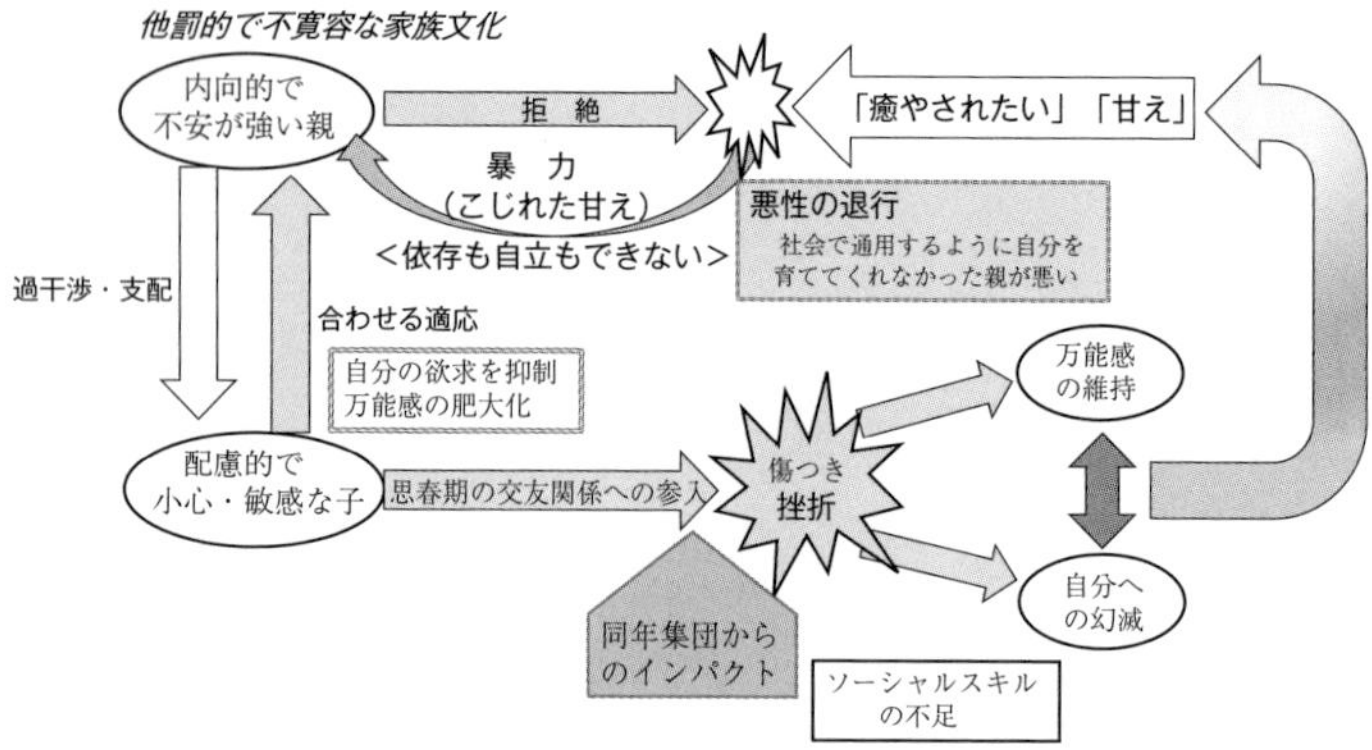

図４　家庭内暴力発現のプロセス

１　病理的依存関係

暴力加害者は、被害者を拘束し、優位に立っているように見えるが、内実は被害者の存在に深く依存していることが明らかである。暴力加害者は、情緒的に自立していないために自分の感情を自分の中で処理することができず、最も近い「甘え」の対象である人物に感情処理を委ねる。加害者は、さまざまな理由をつけて被害者に怒りを爆発させるが、詰まるところ怒りの原因は何であれ、生じてしまった怒りを依存対象に処理して欲しいのである。ＤＶにしろ家庭内暴力にしろ暴力加害者は、「俺（私）を怒らせるな」と言う。ルールや道徳よりも、彼（彼女）の感情を害するもの（こと）が悪なのである。これは、虐待する親にもよく見られる。

　暴力被害者の側は、ＤＶの項で述べたように、徐々に加害者を怒らせないことが至上命令となっていき、すべての決まりごとに優先するようになって、まさに奴隷のように相手に合わせる状況ができあがる。そして、その状況の異常性さえも意識しないようになっていくと病理的依存サイクルが完成に近づく。こうなると子どもの成長や当事者の病気や社会経済的出来事によって家族内の力関係に変動が生じない限り、この関係が持続していくことになる。

2　不信と統制のサイクル

上述のように加害者は被害者に深く依存しているので、被害者が離れていくことを強く怖れる。わずかな出来事に離反の兆しを読み取り、不信感を抱く。そしてそれを打ち消すために、相手の行動を束縛し、統制しようとする。そして統制すればするほど、また仄《ほの》かな兆しに脅かされるようになるのである。この不信は、性愛的感情を含むか否かにかかわらず嫉妬様の外見を示すが、いずれにしろ相手には「人として尊重されていない」という感覚を与え、統制される側の緊張感と相まって、関係をぎくしゃくしたものにする。この関係の不自然さがまたさらなる不信を生むのである。

興味深いことに、暴力被害者の側にも不信と統制のサイクルが生じる。被害者は、加害者の動向に注意を集中するばかりに、加害者の一つひとつの言動を信じて良いか否かを判断することに多大のエネルギーを費やす。それが加害者に対する一種の執着となり、DVでは、被害者が加害者に嫉妬様の不信を抱くことも珍しくない。家庭内暴力の場合でも、暴力を振るわれながらも、母親が父親の介入を無意識に阻害し、子どもの自分への専心を維持しようとしていると見える場合があり、そうした場合には、子どもが信じられずに先回りして「尻ぬぐい行動」という形で、子どもを自分の統制下に置こうとする姿勢が見られる。

3 否認と他罰のサイクル

加害者は、愛着・依存の対象を攻撃するという矛盾を内面に抱え切れず、自分の行為や感情を否認し、部分的にでも認めざるを得ない場合は、相手のせいにする。被害者が反論などした場合には、「自分は言ってない。やってない」と嘘をつく。こうした関係が持続すると、被害者の現実認識も揺らいでしまい、現実そのものの否認はしないものの加害者の意図や動機を否認して、自分を納得させようとするようになる。こうした被害者側の心の動きは、「自分が悪い」という自責につながることが多いが、反面で加害者への敵意が同居しているので、治療者や他の家族員による支持を機に、一転して他罰的態度として表面化することがある。

以上の三点に表れる加害者の対象関係は、境界性パーソナリティ障害のそれによく似ているように見える。ただ、異なるのは、家族間暴力加害者の場合、こうした心性は基本的に依存対象である特定の家族メンバーとの間でのみ表面化し、社会内ではむしろ過剰なくらい抑制的であることが多い点である。当然のことながら、家族を超えて、こうした対人関係が見られる場合は、人格水準の病的低下を考える必要がある。

なものになる。

4　コミュニケーションの病理性

以上のようないくつかの家族病理的サイクルの表れとして、家族内のコミュニケーションは奇妙なものになる。

まず、形式的側面として、家族メンバーの間でコミュニケーションの量に偏りが生じる。加害者がいるときには、他のメンバーは互いに話さ（せ）なくなったり、家庭内暴力事例などでは、母と加害者である子ども、母と父、母と兄弟というように、母を経由するコミュニケーションだけが行われ、家族全体としてのコミュニケーションの共有ができなくなることが多い。DV事例でも、加害者である夫は妻を通じてしか子どもとコミュニケーションが取らなかったり、逆に家族全員が一緒にいるときには、加害者が子どもにだけ話しかけて、被害者を孤立させるようなこともある。

コミュニケーションの内容も、加害者は自分の矛盾を誤魔化すために、被害者側は加害者の攻撃をかわすために、裏表のあるものになり、コミュニケーション自体が理解よりもむしろ不信を促進するものになっていく。現実の人の気持ちや期待される人間関係というものは、その時、その場で柔軟に変化するものだが、被害者側は、視野の狭窄とともに徐々に硬直化した対応をくり返すようになり、加害者の意思を先取りしたつもりで勝手な解釈をし、先回り反応をして、二人のコミュニケーション不全を強化しがちである。

5　閉鎖性

加害者、被害者双方に存在する暴力を秘匿したい心理、相互的専心、コミュニケーション異常などにより、加害者と被害者の間にはその他の家族メンバーには理解し難い関係ができあがり、さらには、その不自然な関係を包含する家族全体も行動規範や価値観の点で家族外と大きな落差を生ずるようになる。家族メンバーは、他者が家に入ること、家族メンバーが家族外の人たちと自由に交流することを怖れるようになり、この閉鎖性が、さらに相互的な専心やコミュニケーションの歪みを強化する。

6　無力感と変化への怖れ

以上のような家族関係は、相互に強化し合っているために、不都合や不快を感じても、自分一人で変えることができない。基本的に相互に他罰的な家族関係であるため、主体的、自発的に行動することには怖れの感覚がつきまとい、実際に行動した場合には、相当な抵抗が予測される。次第に根強い無力感を持つようになり、ついには、不快で不幸であってもより以上の危険は犯したくない、今のまま変化さえしなければ良いという気持ちになる。被害者自身が、援助の手が入ることを怖れるのは、このためであろう。加害者側からすれば、被害者が変化に向けて動けなくなるのは、一見望んでいたことが実現したように見えるが、加害者にとっても本当に得たいものが得られているわけではない。だから、加害者は加害者で無力感を持ち、それがまた加害者を苛立たせる。

7　不快とストレスの高さ

家族内で親密で安心できる関係が得られていないという失望や欲求不満、社会経済的負因、疾病などによる不快感が家族メンバーの間に強く存在する。しかも、他罰的で互いを許さない家族には不快感やストレスを吸収する力がなく、増幅さえしてしまう。そしてさらに、閉鎖的な家族構造は、外部との交流によってこれらが解消されることも許さないため、家族内の緊張、不快は非常に大きなものになる。目標を持った攻撃衝動とは異なり、緊張、不快は発散によってしか解消されないので（大渕 1993）、引き金となる刺激を受けると手近で攻撃可能な対象に攻撃行動を向けることになるのである。

四　暴力からの回復と家族

時間の経過とともに、家族メンバーや親族との健康な相互作用によって家族間暴力が回復に向かうことはあるかもしれない。しかし、筆者が接触し得たのは、心理臨床の場や家庭裁判所に登場してきた事例なので、その範囲内で暴力のある家族への援助と回復の過程について記述しておきたい。

家族間暴力の援助においては、加害者は臨床の場に登場しないことも多く、被害者の援助、あるいは被害者を通じた働きかけという形をとることが少なくない。このことから、ここでは援助の過程を二水準に分けて考えることにしたい。第一は、暴力によってダメージを被った被害者の心身を回復させること。第二は、被害者と加害者、あるいは家族全体をも含めた構造の変化を実現し、暴力が起きないよう援助をすることである。もちろん、この二水準は相互に絡み合っており、同時進行することも多いわけだが、ここでは便宜上分けて論じることにする。

1　被害者の心身の回復

（1）被害者への支持と安全確保

まず、追いつめられ、相談の場にやってきた暴力被害者に安心感を与え、勇気をふるって来談したことを評価し、ねぎらうことが重要である。被害者は、既述のように自尊心が傷つき、自責的で、ときに被害的でさえあるので、「なぜもっと早く相談に来なかったのか」といった質問には非難されたと感じて傷つき、来談しなくなる可能性が大きい。経過を聞くと被害者側の対応のまずさや奇妙さが目につくこともあるが、初期には、傾聴に徹し、受け止めることが肝要のように思う。

他方であまりに早い時期に、「私は味方だ」というメッセージを強く伝えすぎないように気をつけなければならない。この点は、ＤＶ被害者ではとりわけ重要であり、ともすると過剰な依存を生じさせてしまったり、援助者の支持を得て、被害者が急に「気が強くなって」しまい、かえって事態を悪化させてしまうことにもつながる。援助者が男性である場合には、さらに加害者の疑いを刺激して、事態を混乱させることもある。同様の理由で、加害者に関する評価的、診断的な言葉は十分に慎重に使わなければならない。被害者が加害者との諍いの中で、「先生はあなたがおかしいと言った」などと口走ることは、援助関係にとっては取り返しのつかない事態を生むだろう。ＤＶの場合では、加害者が援助関係に入ってくる可能性を閉ざしてしまうし、家庭内暴力の場合には、親の側に子どもを切り捨てるような冷たい態度を持たせてしまう可能性がある。

いずれにしろ、家族間暴力への援助においては、来談していない加害者に想像力を働かせながら、被害者に支持、安心を与えるというバランス感覚が必要とされる。

状況によっては、被害者の安全確保と事態の沈静化を目的として、被害者の入院、別居、保護施設入所などの可能性を探っておくことが必要である。いざという場合の用意をし、被害者との間で共有しておくことが、被害者にゆとりを与え、破滅的な行動に出ることを防ぐし、事例Ｂのように援助過程における選択肢として利用できる。この準備がないと、突然の被害者の家出等によって援助者自身が当事者の葛藤に巻き込まれてしまう状況も生じるのである。

（2）現実感の回復（脱錯覚）

被害者は、加害者の動向ばかりが気になって視野が狭くなり、通常の現実感覚が乏しくなっていることがほとんどである。その状態は、一種の洗脳状態に近く、非現実的な可能性に恐怖を感じ、自律的に振る舞うことを諦めてしまっている。話を聴く中で、そのような被害者の信念の根拠を丹念に取り上げ、徐々に現実感が戻るのを助けることが必要である。ただ、暴力被害者の自責的傾向と、加害者の論理を至上命令のように感じる傾向は、しばしば非常に強固であり、ときには一定の信頼感が育った後に、矛盾点を明確に指摘し、直面化を行う必要がある場合も少なくないように思う。

（3）自律感の回復

前項の課題にも関連するが、被害者は、自分なりの努力をしてきても何も変わらないどころか、事態は悪化していると感じ、無力感に囚われている。日常の中で、さしあたりできることを示唆し、ささやかであっても回復に向けた第一歩として意味づけする。例えば、殺伐とした状況の中でも、面接の帰りに花やお菓子を買って帰ることを提案し、家の中に潤いを取り戻すことの意味を説明することなどである。わずかなことでも、被害者が自律的に行動することは、現実感を目覚めさせることにもつながり、また、物事が変わりうるという感覚を育てるだろう。

この延長線上に、被害者がイメージしうる目標設定をする。事例Bでは、「家族で冗談を言って笑い合える」という到達目標が共有された。単に暴力が無くなることでは、親子間にある本質的な問題の解決にはつながらない。

2　家族の変化を図る援助

以上の被害者の心身の回復を図るアプローチそのものが、加害者を含む家族構造にプラスの変化をもたらすはずであるが、本質的な変化をもたらすには、より以上の働きかけが必要とされる。そこで第二水準として家族の変化そのものを図る援助について述べたい。なお、DV事例では、第一水準を念頭においた被害者への関わりが進むと、被害者側がパワーを回復し、家出、別居など離婚に向けた具体行動に移ることが多く、第二水準の加害者や家族（夫婦）全体の変化を目指した働きかけには至らない場合も多い。これはDVに関わる筆者の経験が家庭裁判所でのものを中心としているためでもあろうが、限られた治療的経験の中でも、やはり「離婚」という話題を避けることはできず、治療を超えてそちらが選択されることが多かった。したがって、ここでの第二水準の記述は、どちらかというと家庭内暴力事例の経験に基づくものであることをお断りしなければならない。

（1）閉鎖性の解消

青木（2001）は，境界例の事例に触れて，「カプセルのようになった二者関係に風通しをよくし，それぞれに新たな関係の網をはることが最大の援助になるのではないだろうか」と述べているが，筆者も，家族間暴力事例の援助の中で「風通しをよくする」ことを重要な援助基準と考えている。家族間暴力の事例では，加害者も被害者も自分たちの関係に第三者が介入することを強く怖れ，介入自体が暴力のきっかけになることも珍しくない。しかし，歪んだ認知と閉塞した感情を生み出す閉ざされた二者関係を開放していくことは暴力の改善とほとんどパラレルな過程である。加害者の病理的な二者関係への依存が多様な他者との健康な絆にとって代わり，被害者の視野狭窄がさまざまな視点によって和らいでいくことが，回復につながるのである。

事例Bでは，母がB男に独占されて，父と母が話せない状態を初期の解決課題とし，父の成人病を口実に夜の散歩を勧めた。父母が二人で散歩に出るときには，必ずB男も誘うようにし，B男が断ると夫婦二人で出かけるという形をとるようにした。この中で，父母間のコミュニケーションが多少とも回復してき，B男の父に対する毛嫌いも多少和らいで，父に頼み事をすることも増えた。また，事例の中で記したように，親しい親族に事実を打ち明け，家族に声をかけてもらうようにした。これによりB男自身の健康な一面を見ることができて父母への励ましにもなったし，治療者にとってもプラスの判断材料となった。

もちろん、これらの働きかけは、性急に進めようとすると、かえって軋轢を生むことがあるので、十分な注意が必要である。

（2）行動の一貫性を取り戻す

暴力被害者は相手に合わせるのに汲々とするあまり、全体として一貫性のない行動を取り、その矛盾を加害者に突かれて、ますます譲歩をせざるを得なくなっていることが多い。まず、自分のとっている行動の矛盾に気づき、現実的な規準から見たおかしさを自覚し、その上で、常識的にできることとできないこと（すべきでないこと）を明確にして、それを曲げないことが必要である。この作業はくり返し行わなければならないが、時には事例Bの場合のように書面にして手渡すことが適当な場合もある。

事例Bでは、子どもの暴力が減少してきた段階で、ゲームや雑誌などを際限なく買わせようとした時期があった。援助者と父母はくり返し話し合い、それまで決めていなかった小遣いを定額制にして週に一回与え、その中で雑誌やゲームをどう買うかを本人に考えさせる方法を取り、親が頼まれて買ってきた場合にも必ず小遣いから差し引くようにした。

朝、起こしてくれなかったから学校に行けなかったなどの他罰的言い分もくり返され、暴力の原因になっていたので、母が一度起こした後には、五分後に鳴る目覚まし時計を枕元に置くと言うルールを定め、本人にも徹底した。目覚まし時計があるということは一度母が起こしにきた証拠というわけである。この方法を取ることで、起床をめぐるトラブルは無くなった。

こうした小さな積み重ねをする一方で、親（妻）として譲らない点も明確に伝えるように支援する必要がある。事例Bの母の別居後の帰宅条件などがその一例である。

（3）家族内ストレスの減少と攻撃衝動の統制

家族内のストレス源にはさまざまなものがあるが、それぞれの軽減が家族間暴力につながる蓄積された不快感の減少につながる。家族員がストレスを感じる場面をどうやったら減少できるのか、面接の中で具体的に取り上げ、工夫を重ねる必要がある。前項の閉鎖性の解消と併せて、他の人の手を借りて家事負担を少なくしたり、疲れたときに休む場所の確保をしたり、いくら言っても実現しないことは最初から言わないことにするというふうに考え方を変えて、イライラする場面を減らすなど、全体として不快を感じる状態を減らしていくことが治療的である。そうした方向で話し合っていく。

また、暴力につながる攻撃衝動そのものの統制もポイントになる。まず家族間暴力の場合、攻撃衝動といっても「甘え」が転化したものであることがほとんどなので、「甘え」を基本的に受容しつつ、攻撃的表現に対しては、場を避けたり、毅然として譲らない態度を一貫して対応し、徐々にコントロールしていくことが重要である。一貫した態度による他の家族員の統制が、徐々に加害者自身による自己統制につながっていく。

（4）認知の変容

第一水準で述べた現実感の回復の上に、歪んだ認知をより健康な認知に変容する必要がある。DV事例では、男女差別的意識に基づいた「女は男を立てるものだ」「女が我慢をすべきだ」といった加害者に都合のよい信念を、より相互的で対等なものに変えていかなければならないし、家庭内暴力でも「親なんだから当然」といった考えをより現実的なものに変えていく必要がある。このためには、まず加害者自身が非難されることなくこれらの信念を表明する場を保証し、彼等自身に自分が人からどう見えるかを考えさせる必要があるだろう。ピアグループが利用できる場合は、それが適切な場合もあるだろうし、それが無くともカウンセリングの場で、表現を保証することは認知の変容につながっていくに違いない。同時に、教育的アプローチの可能性もあるが、これはDV加害者が、自ら立ち直ろうとする姿勢を持ち得たときなどに有効だろう。

（5）ソーシャルスキルの形成

暴力加害者は、自分の本当の欲求や感情を人に伝える能力が不十分であることが多い。だからこそ、表現しきれない部分を暴力によって表現すると考えられる。また、ソーシャルスキルの低さは、社会内で無用の軋轢を生んで、ストレスを溜め、それを家庭内で発散するという形を取りやすい。加害者がソーシャルスキルを身につける場面を増やし、来談している場合は、さりげなく心理教育的アプローチを織り込むことも考えたい。

また、被害者側のソーシャルスキルも損なわれていると見られることが少なくなく、そこに加害者がつけいる隙が生じたり、加害者を刺激しているように見える場合がある。加害者への怯えがあってのことだろうが、被害者が、当然に必要な報告や断りなしに物事を進めてしまったり、当然あってしかるべき挨拶や会話をしていなかったりすることが珍しくなく、これが、加害者側に、寂しさを感じさせたり、のけ者にされているという被害感を持たせたりすることがあるように見える。家族内に暴力があっても、それ以外の部分では健康さを保ち、当たり前にやるべきことをやることが家族全体の回復につながっていくと考えられる。

おわりに

家族間の複数の暴力現象を対比しながら論じたために、焦点が絞りきれないところがあったように思うが、他方で、家族という身近な関係の中で暴力が生ずる意味とメカニズムをある程度描くことができたのではないかと考えている。戦後の青少年の問題行動を俯瞰すると、昭和二〇年代における実社会との接点で起きた暴力・犯罪に始まり、三〇年代後半からの盛り場という中間領域での粗暴非行、四〇年代から続いた校内暴力、引き続く家庭内暴力、さらには近年の自傷行為という風に、暴力と逸脱行動の生じる位置が社会から学校、家庭を経て、ますますパーソナルな領域に焦点化してきているように見える。現代の閉塞感は、個人が社会と接するところでの自己表現（実現）を困難にし、そこで生じた欲求不満や不全感をますます身近な（個人的な）依存関係の中で、歪んだ形で表現するようになっているのかもしれない。本城ら（1998）が指摘するように、この依存を受け止める「濃密な情緒的交流」を家族が失いつつある今、「子どもは外部の世界へと依存対象を求めて出かけていくか、一時的にしろ確実に不安を解消してくれるアルコールや薬物に走らざるを得なくなる」つまり、家庭内暴力さえ起きなくなるような家族の空洞化が進んでしまうのだろうか。こう考えると、暴力が家族の中にあるときに、家族が自らの力で克服していく意味は、大変大きいように思う。暴力の克服は、家族自体が健康を取り戻し、家族員がそれぞれが自立しながらも相互に依存し、許し合える人間関係を再構成することなのである。

文　献

青木省三（2000）『思春期の心の臨床―面接の基本とすすめ方』金剛出版、［改訂第三版 2020］
Herman, J.L.（中井久夫訳（1999）『心的外傷と回復』みすず書房）

本城秀次・瀬地山葉矢（1998）「少子化と家庭内暴力」臨床精神医学増刊号　高齢少子化時代の精神保健・医療
領域 23.
本城秀次（1987）「家庭内暴力を伴う登校拒否児の臨床精神病理学的研究」小児の精神と神経 27
本城秀次（1998）「家庭内暴力」『臨床精神医学講座18』中山書店
本城秀次・杉山登志郎・若林慎一郎他（1982）「児童・思春期の家庭内暴力について」児童青年精神医学とその近接
領域 23.
本城秀次（1983）「家庭内暴力を伴う登校拒否児の特徴について」児童青年精神医学とその近接領域 24.
法務総合研究所『犯罪白書』（1960 年度～ 2020 年度版）大蔵省印刷局（国立印刷局）
伊藤直文（2005）「家庭内暴力とひきこもり」現代のエスプリ　至文堂
稲村博（1990）「家庭内暴力」臨床精神医学 19
岩井寛（1980）「家庭内暴力と家族病理」季刊精神療法 6
影山任佐（2000）「現代青少年の攻撃性と社会病理」日社精医誌 9
川谷大治（1996）「家庭内暴力」臨床精神医学 25
川谷大治（2001）『思春期と家庭内暴力―治療と援助の指針』金剛出版
内閣府男女共同参画局（2021）『男女間における暴力に関する調査（令和２年度調査）』https://www.gender.go.jp/
policy/no_violence/e-vaw/chousa/pdf/r02/r02danjokan-12.pdf
内閣府男女共同参画局：配偶者からの暴力の被害者支援情報　配偶者暴力相談支援センターにおける相談件数等
https://www.gender.go.jp/policy/no_violence/e-vaw/data/pdf/2019soudan.pdf
厚生労働省ホームページ：令和２年度児童虐待相談対応件数 https://www.mhlw.go.jp/content/000863297.pdf
小西聖子（2001）『ドメスティックバイオレンス』白水社
クラーエ（秦一士他訳（2004）『攻撃の心理学』北大路書房）
森田ゆり（2001）『ドメスティック・バイオレンス―愛が暴力に変わるとき』小学館
大渕憲一（1993）『人を傷つける心―攻撃性の社会心理学』サイエンス社

斎藤学（1998）「家庭内暴力と夫婦間の病理」臨床精神医学増刊　高齢少子化時代の精神保健・医療
佐藤達彦他（1981）「思春期家庭内暴力の臨床的研究」季刊精神療法 7
高橋義人（1979）「思春期の家庭内暴力」臨床精神医学 8
滝川一廣（1995）「青年期境界例」青木省三・清水將之編『青年期の精神医学』金剛出版
手島ちず子（1982）「思春期家庭内暴力―精神科外来でみられた症例の検討」臨床精神医学 11
塚本千秋（1993）「境界例の治療」青木省三編著『青年期精神科の実際』新興医学出版社
Walker, L.E.（斎藤学他訳（1997）『バタードウーマン―虐待される妻たち』金剛出版）

第九章　家事紛争当事者の面接

はじめに

わが国における家事紛争の解決は、公的には家庭裁判所（以下、家裁）の調停を通じて行われ、それ以外は私的解決に任されてきた。二〇〇四年にＡＤＲ法（裁判外紛争解決手続きの利用に関する法律：平成一九（二〇〇七）年四月施行）が制定され、民間認証機関によるＡＤＲに時効中断効、調停前置効が認められたことから、裁判所以外の場での紛争解決は促進される方向にある。ただ、現状の認証機関の圧倒的多数は、労働紛争、土地境界などの民事紛争、金融・保険紛争などに関わるもので、夫婦・家事紛争を扱う機関は極めて少ない。昨今、家事紛争を背景にもつさまざまな心理的問題が多出している状況を見ると、心理臨床の領域においても、家事紛争解決のための面接技法について知見を積んでいく必要性があると考える。

現状においては、原則当事者別席で行われる調停手続きに関する技法的考察が、法律家や家裁調査官、調停委員ら実務家によってなされ、アメリカ合衆国のメディエーション（調停）を参考にした考察、家族療法の立場からの提言などが散見されるに留まっている。

ここでは、文献を参照しながら、筆者の家庭裁判所、民間心理相談室での経験に基づいて、家事紛争当事者との面接にあたって心理臨床家が留意すべき点を整理しておきたい。

一　家事紛争の特質

1　面接関係形成の難しさ

通常の心理臨床でも、意見の異なる関係者に会うことはあるが、紛争ケースでは、まさに中核的な問題について相反する主張をする対立当事者と出会うことになる。双方の主張をめぐって、激しい感情的なやりとりがなされることが多く、暴力など行動化への目配りも必要になる。他方で、両当事者は、関わる人間がどちらの「味方」であるかに極めて敏感で、面接者への期待のハードルが高い。一対一の面接では経過のなかで修正可能な小さな行き違いが、家事紛争面接の場合には一気に面接関係の崩壊に繋がってしまうことがある。

2　紛争の歴史性

紛争関係には、一方当事者の言動が刺激になって反発的反応が生じ、それがまた他方の反感とより強い反発的行動を誘発するというエスカレーションの歴史が必ずある。元々の問題にその後の経過が重層的に堆積し、本来解決すべきだった課題が見えなくなっていることが珍しくない。この歴史性は、元々親密な（もしくは親密でありたい）関係である夫婦・親子・親族の場合には、性愛や養育といった人格の基底に根ざした濃密な感情に彩られる。したがって、紛争の経過のなかでは、何らかの形で裏切られ、傷つけられたという感覚が双方に必然的に生じ、容易に解消されることのない「自己愛的憤怒」に駆られて、「とにかく変わるべきは相手だ」という頑なな態度に陥りやすい。

3　「訴える」という行為

平常では「秘すべき」感情に基づく主張を公言することは、自らの私的領域での振る舞いが他者に露呈することであり、大きな勇気を必要とするものである。ましてや裁判所などでは、「出るところに出て」自分の正しさを認めてもらおうという、いわば自らの存在意義を賭けた切実な行為となる。したがって、通常の相談以上に、引き返すことのできない一歩を踏み出しているという意味合いが大きいのである。

4　嘘と隠蔽

このように身内の紛争を他人に打ち明ける場合には、いやおうなく「世間の目」を意識し、話したい気持ちと話したくない気持ちの葛藤が強まると同時に、自分にとって有利に事を進めたいという気持ちも働くため、隠蔽や嘘が珍しくない。とりわけ現状の調停のような別席面接の構造は、嘘や隠蔽の温床となりやすい。嘘や隠蔽は、個々の事実だけでなく、主張・真意そのものについてもなされる。

5　三角関係化

対立当事者（特に家族）は、対立しながらもその状況に苦しんでいることがほとんどであるため、どこかでその対立を否認したり回避したりする心の動きが生じ、それが三角関係化につながる。たとえば、妻に逃げられた夫が、妻の心の離反を認めがたく「妻の父や兄弟が背後で糸を引いている」「直接会って話をすればわかるはず」などと主張することは珍しくない。この三角関係化は、しばしば面接者をも巻き込むので注意が必要である。

二　家事紛争面接の目標

1　「対話」の成立を目ざす

「互いに向き合い、相手の話をありのままに受け止め、自分の真実の気持ちや考えを伝え合うこと」を「対話」というなら、ほとんどの家事紛争の当事者間には対話が成立していない。

冒頭で述べたように、公的な紛争調整は長い間主に裁判所の調停の場で行われてきた。調停が「合意」に基づく解決であることには異論がないものの、裁判所内の調停のとらえ方にも実は相当な幅がある。一方の極には、紛争の実態に応じて裁判所（調停委員会）が考える「あるべき合意」というもの（調停判断）が存在し、その方向に向かって双方を説得し、導くという「調停裁判（斡旋）説」の立場がある。その背景には、紛争当事者は訴訟をしたり自ら交渉したりして事態を解決する力を欠いているからこそ、裁判所が後ろ盾になって道筋を示さねばならず、さもないと主張の強い者が弱い者を蹂躙してしまうとするパターナリズムの思想がある。他方の極は「調停合意説」である。民事的紛争はもともと私的解決が許されているのだから、当事者同士の合意こそが調停の本質である。裁判所は場を提供し、その合意が公序良俗に反し、一方の権利が不当に侵されることのないように推移を見守るという意味において、「後見的」「司法的」役割を果たすのだという考え方である。この立場は、裁判所の主導性を最小限にし、当事者の主体的解決努力を最大限に引き出そうとするが、その根底には、「不可知論」があると小山（1980）は指摘する。当事者双方、裁判所関係者を含め、すべての関係者が人間関係の問題に「たったひとつの正しい答え」などは存在しないという認識に基づいて謙虚に話し合うなかで、穏当で具体的妥当性のある結論を導き出すことができるというわけである。おそらくここでは司法が体現すべき正義の概念も規範的正義ではなく、関係者に共有される実質的正義と考えられるだろう。

長々と裁判所における調停をめぐる議論を紹介したのは、紛争に関わる場合、この両極の姿勢が援助者のなかで必ず葛藤的に体験され、援助者を動揺させるからである。ただ、言うまでもなく、裁判所外での紛争解決手続きに心理臨床家が参入していくとすれば、後者の立場に立って、対話のできなかった当事者間に真の対話を生み出すことによってのみ貢献が可能となるであろう。

2 関係の変容を目ざす

紛争当事者は、当然ながら「対立（敵対）的」関係にある。紛争の外見的な決着とは別に実質的な解決がなされるためには、この当事者関係が「協調的」関係になっていくことが肝要である。対立的関係では、「勝ち負け」が関心の中心になるが、協調的関係では、お互いの傷つきと苦しさを認めたうえで、今後のそれぞれの生活の安定のために穏当で受け入れ可能な結論を探す作業を協働して進めていくことになる。「そんなことができるくらいなら、紛争になどならないだろう、離婚もしないだろう」と言われるかもしれないが、紛争は多様な事情によって生じ、当事者を巻き込むものである。少なくとも、紛争からの出口を協調して探すことで、その後の紛争の種や当事者の悔いや傷つきを減ずることを考えなければならない。さまざまな問題が生じて民間の外来相談にやってくる子どもたちの背景に、離婚紛争の未解決な感情問題が見られることは多い。離婚自体が避けられないとしても、両親（夫婦）が子どもを含めたそれまでの結婚生活の結果を引き受けていくために、最小限の信頼感と責任感を持てるようになって別れることを目ざすべきである。

「良い離婚」のための支援は、今後心理職の重要な活動領域になりうるだろう。

三　家事紛争面接の要点

1　当事者の主体性の尊重

当事者は、対立相手との関係において、少なくとも主観的には「侵害され」「振り回されている」と感じ、自らの環境を自分でコントロールできていないと感じている。他方で、紛争当事者は、紛争以外では社会的に機能している健康な人々である場合が多く、なおさら自分の主体性の喪失に苦しんでいる。一見非常識な主張や態度であっても、説得し、変化させようとするその働きかけ自体が主体性への脅威と受け取られる恐れがある。あくまで当事者の主張の真意を丁寧に探りながら、主体性を尊重し、彼らが自ら事態を改善しうるのだと感じられるように援助することが大切である。そのためには石山（1994）の述べるように「今すぐには解決できない問題と、当面解決しておいた方がお互いのためによいと思われる問題とを区別」し、小さなことであっても可能なことから互いに実行してもらうことを通じて、事態は変化しうるという効力感と、相手への最小限の信頼感を醸成していくような働きかけをすることが望ましい。

2　情報提供の重要性

前述のような意味で、事態の改善のために役立つと考えられる客観的な情報は、積極的に提供する。その情報には、活用できる社会的情報だけでなく、専門家としての経験や蓄積された知見から、現在の事態が今後どのような経過を辿りがちか、夫婦や子どもに将来的にどのような課題が生じやすく、その場合どのような社会資源、手段が利用可能かといった見通しも含まれる。

3　中立性への配慮

時間配分、節度ある言葉遣い（距離感）などの外形的配慮は十分に行うべきだが、本質的に大切なのは、それぞれの当事者の話を十分に受け止め、立場、心情を尊重することで、「自分にきちんと向き合ってくれた」と感じてもらうことである。これは情緒的共感の次元を超えて、安定した公平な他者に出会えたという安心感を持ってもらえるような面接をすることであり、面接者の安定性、冷静さ、客観的で広い視野、相手への尊重が伝わって初めて可能になるものといえる。

4　事実に基づく聴き方

初心のうちは、家事紛争当事者の一方と面接すると、対立当事者のことを「なんてひどい夫（妻）だ」と思い、次に対立当事者と会うと、話している客観的事実（夫が妻を叩いたなど）は同じでも、正反対の印象を持つことがある。事実への意味づけと文脈の取り方がまったく異なっているためである。このような場合、当事者の話を流れのままに聞いているだけでは、全体像は見えてこない。大切な局面については、「あなたはそう感じたからそう言ったのですね」「そのとき夫（妻）は何と言いましたか?」「それであなたはどうしました?」とより具体的に聞いていく。すると「そうなると女房はいつも黙ってしまう」「いつもと違ってこのときは怒った」など、当事者間の相互作用の特徴が見えてくる。そのうえで、「奥さんはこう思っているのでしょうか」などと投げかけて、相手の視野を広げていくことを試みる。対話を目ざす面接では、客観的事実を押さえるだけでは不十分であり、各当事者の柔軟性や自己省察の力を確認しながら聞いていくことが重要である。

5　感情への気づき

紛争当事者には、公言されている主張と実際の行動の間に矛盾、乖離がある場合が少なくない。円満にしたいと主張しながら相手にダメージを与える行動をしたり、離婚すると言いながら依存的に振る舞ったりという場合である。既述のように、そこに嘘や偽りがある場合もあるが、本人も自覚していない、強く抑制された感情が介在しているためであることが多く、それを明らかにすることが、「勝ち負け」の争いの陰にある真のニーズの把握に役立つ（伊藤 2002）。真のニーズを把握することが、隠されたストーリーの読み解きにつながって、それが当事者間の協調を模索する基盤となるのである。

6　面接の構造化

激しい感情、否定的言動、頑なな態度を扱わなければならない家事紛争の面接では、的確な構造化が必須である。

（1）面接者の立場と姿勢の明確化

野末（2006）は、ウィークス（Weeks）の Intersystem Model を紹介するなかで、「お二人ともお互いに影響を及ぼし合っていることを理解していく必要があります。……（中略）お互いの関係のなかで起こる悪循環に対しては、それぞれが自分自身の責任を引き受けていく必要があります」といった面接者の発言を例示している。このような毅然とした方向づけが面接の安定性を生むことがある。

（2）面接目標の明確化

石山（1994）は夫婦紛争の面接にあたって、「お互いにこれ以上不幸にならない」ことを共通の目標に定めることを提案している。筆者の場合、離婚意思で食い違う夫婦面接では、「お二人は望んで一緒になられたのですから、二人でうまくやっていくためにはどういうことができるか、もう一度考えることを当面の面接の目的にしましょう」「十分考えてそれが見つからなければ、夫（妻）がおっしゃるように一緒にやるのは難しいということになります」と枠づけすることが多い。面接目標の明確化は、堂々巡りの感情吐露や無用の傷つきを防ぐのに役立つ。

（3）合同面接の活用

家庭裁判所の調停は、別席面接による事情聴取が基本だが、対話を目ざす面接では合同面接の活用が極めて重要になっている（石山 1994；レビン小林 2011）。実際に合同面接を実施してみると、対話（明確な意見表明）ができない当事者（夫婦）が圧倒的に多いことに驚かされる。そのため、まず個別面接を行い、あらかじめ伝えたいことを整理しておく必要があることが多い。また合同面接では、参加者が傷つく危険性があるので、面接者は双方の擁護者として十分に注意を払う必要があり、必要に応じて合同面接の打ち切りを提案するなどして場をコントロールする。筆者は、合同面接の後には原則として個別面接を行い、十分なねぎらいをするとともに、感じたことや理解できたことを振り返ることができるようにしている。場合によっては、夫婦それぞれに個別面接者をつけて、それぞれサポート役を務めながら合同面接を行うこともある。

（4）時間制限面接

紛争当事者は、感情の嵐に翻弄されながら、現実的先行きにも不安を感じている。しかし、現実を優先して合理的に振る舞うことは、紛争相手の手前受け入れがたい。こうした現実と感情の折り合いが難しい（わかっているけれどもやめられない）ケースでは、時間制限面接を試みると奏功する場合がある。夫婦の離婚をめぐる争いなどでは、五回もしくは七回程度の面接回数を決め、前述のような目標を明確に定めて面接を行う。期限が明確であることで、必ずしも動機づけの点で足並みが揃っていない当事者双方からとりあえずの積極的姿勢を引き出すこともできる。

7　抱え続けること

家事紛争面接では、面接者は双方当事者の間で引き裂かれるような思いに苦しむことになる。しかし、これは当事者双方が統合しきれない両極を面接者が体験しているためであって、苦しみつつも抱え続けることが大切である。そのなかで、それぞれの当事者の行動や思いがそれなりに腑に落ちてきて、「こんな経験をすれば、そうするのも無理はない」という感覚をそれぞれについて感じられるようになると、当事者双方とのやりとりが変化してくるように思う（伊藤 2013）。

おわりに

ここまで対話の可能性を探るという立場から紛争当事者の面接を検討してきたが、紙数の関係から、ほとんど具体例をあげることができず、また、紛争に巻き込まれた子どもの面接についても触れることはできなかった。子どもの面接については、現状では、その真意と心情を探ること、親との関係を評価することに焦点を当てた調査面接の技法的検討がほとんどだが、子どもにおいても、親との対話を保証しうるような面接のあり方を模索することが、後々の子どもの精神健康のために大切なのではないかと考えている。

文献

会沢勲（2002）『別れるかもしれないふたりのために―夫婦の対話と子どものこころ』ブレーン出版
飯田邦男（2009）「こころをつかむ臨床家事調停学―当事者の視点に立った家事調停の技法」民事法研究会
石山勝巳（1994）『対話による家庭紛争の克服―家裁でのケースワーク実践』近代文藝社
伊藤直文（2002）「「相談意図」とその「見立て」について―法律相談隣接領域の相談から見た法律問題」現代のエスプリ 415；138-147
伊藤直文（2013）「離婚する夫婦と子ども」臨床心理学増刊第五号；146-150
小山昇（1980）「家事調停の展望」最高裁事務総局編『家庭裁判所論集創設三十周年記念』法曹会
レビン小林久子（2011）『解説同席調停―その流れと技法』日本加除出版
野末武義（2006）「Intersystem Modelの活用―カップル（夫婦）の問題への統合的アプローチ」家族心理学年報 24；142-159.
和田仁孝・大塚正之（2014）『家事紛争解決プログラムの概要―家事調停の理論と技法』司法協会

第十章　「相談意図」とその「見立て」について

――法律隣接領域の相談から見た法律問題――

はじめに

本稿では、法律の隣接、関連領域で行われているさまざまな相談の実際を踏まえながら、それぞれの位置づけと課題について、法的主張との関連で整理したいと考えている。ここではまず、「相談をする」という相談者の行為をどう捉え、理解するかという基本問題から出発しようと思う。

このテーマを論ずるにあたっては、筆者の現在の主な臨床の場である大学併設研究所でのカウンセリング、心理療法の経験、民間福祉相談所のスーパーヴァイザーとしての経験（この相談所は無料で電話相談もあることから、ありとあらゆる相談が寄せられる。弁護士の無料法律相談も併設されているためにその導入的相談も行われる）、前職の家裁調査官時代に行った「家事相談」の経験（家事事件受付の補助業務として行われるが、これは非常に法律相談に近い性格を持つと思われる）、その他、もちろん家裁調査官としての家事事件調査、調整、少年事件調査などの経験が基礎にあることをあらかじめお断りしておきたい。

一　「相談をする」という行為とその動機

相談者が、どこの誰に相談するかは相談内容によって異なるだろう。ただ、相談者が満足するか否かは、相談者自身の、必ずしも明示されず、場合によっては自覚もされていない意図や動機によって左右される。

相談動機としてまず考えられるのは「何とかしたい（してもらいたい）」というものであろう。また、「知りたい。知識を得たい。確認したい」というものもある。以上は、通常相談者自身に充分に意識されている、いわば表向きの動機である。他方、もう少し曖昧で意識されにくいのが、「聴いて欲しい」「話したい」「わかって欲しい」などである。これらは人の根深い動機として決して無視することができない。人は、誰かに感情を分かち合って欲しいものである。それは、比較的気軽なものから、苦しくて一人の心にしまっておけない感情の吐露まで幅広く存在する。さらに、ただ話すに留まらず「訴えたい」「告発したい」といった気持ちが心を占めていることもある。相談者が、公の（と思う）場に訴え、誰かをイメージの中で罰しているように見えることがある。

この他にも、種々の動機がありうるだろうが、概観すると、人が相談に行く動機には、概ね二つの方向性があることがわかる。ここではそれを仮に「道具性」と「関係性」という言葉で表したいと思う。「道具性」は、相談をある目的のための手段と考えるもので、専門家に何とかして欲しいとか、教えて欲しいと望むのがこれである。この場合の相談者の態度は目的追求的である。他方の「関係性」は、文字通り関係を求めるもので、「聴いて欲しい」「話したい」「誰かに気持ちをわかって欲しい」などの欲求が満たされるような関係を相談に求めるものである。それらを通じて相談者が求めているのは「感情処理」と言えよう。この二つの方向性をX軸、Y軸として表してみる（図1）。

わざわざ相談に出向くからには、二方向の動機の総計が一定以上に存在することが必要である。図中の斜線はその臨界点を示しており、この斜線より原点に近い領域（D点周辺）では相談に出向く行動は生じない。純粋に知識を得たいという相談は、図のA点の辺りに位置づけられ、相談担当者との人間関係はほとんど度外視される。また、「とにかく話したい」「誰かに聴いてもらいたい」などは、C点周辺に位置づけられる。この場合、必ずしも合目的的に「役に立つ」ことは期待されないが、相談担当者が親身に、相談者の心に沿って聴いてくれることが重要である。

さて、このような図式の上に各種の相談、面接関係を位置づけるとどうなるだろう。まず、法律相談は法的知識や法的手段を知ろうとする意味でA点近くのものを含む。他方で、自分の訴えを認

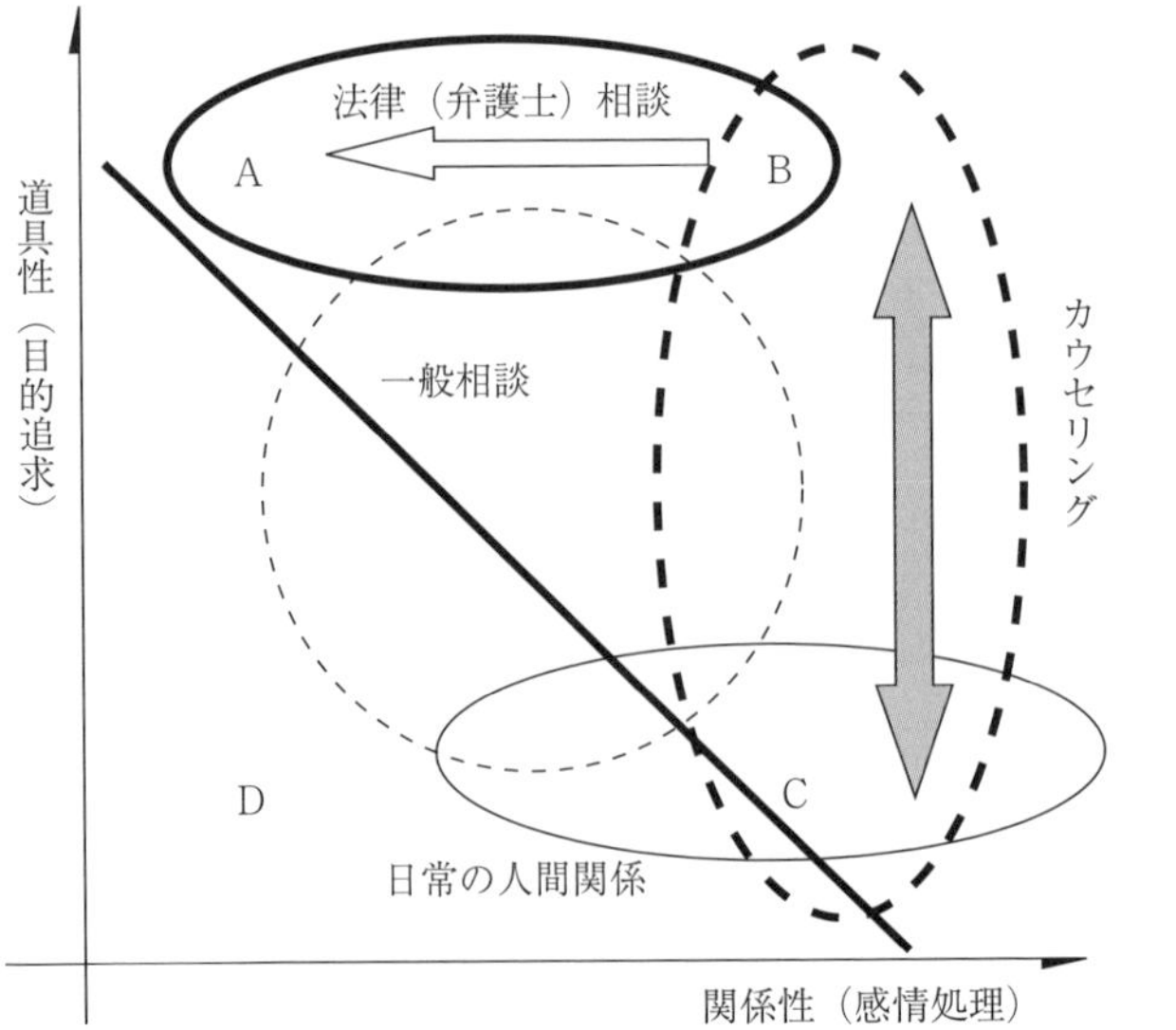

図１　動機から見たさまざまな相談面接の位置づけ

めて欲しい、その上で自分を支えて欲しいという意味で関係性への志向性を強く持つ場合もある。ただ、この場合でもただ味方になってくれれば良いのではなくて、自分の訴えを支えて公に認めさせて欲しいという目的性が強い。従って法律相談は、図のようにA点からB点にかけての位置を占めることになる。これに対して、いわゆる相談関係ではないが、親しい友人、家族などに相談する場合は、C点を中心とする辺りに位置づけられ、感情的支えが中心となり、目的性が低い関係と考えられる。

他方、カウンセリング、心理療法では、関係を離れて純粋に相談者に提供できる知識や技術は多くはなく、治療、回復という独自の目的性を高く持ちながらも、それは常に関係性に裏打ちされたものでなくてはならない。カウンセリング等では、基礎として、友人関係や家族関係にも通じるような安心し、信頼できる人間関係が必要とされるが、治療の目的やそれに向けた見通しと方法の共有が曖昧になると、ただ長期化するばかりの日常関係に近いものになってしまう。カウンセリング、心理療法にとって、目的と方法を共有する治療契約が重要である所以である。

ここでは法律相談とカウンセリングを対比的に図示したが、他の専門相談も同様に位置づけることができよう。

相談窓口には、さほど専門化しておらず、多くの場合無料で敷居の高くないものがある。筆者の知る民間福祉相談所や市民（区民）相談などがそれである。こうした相談の場は、図では中央の広い範囲を占め、カウンセリングや法律相談の対象領域に接している。ここでは仮に「一般相談」と名付けているが、こうした「一般相談」にとって適切な見立てと紹介を行える質を備えていることが非常に大切であることがわかる。また、このような相談の場合、「たまたま通りかかって」来談する場合や電話相談から来所につながる場合もあり、相談行動の臨界線よりもD点寄りの領域も含んでいる。この部分が、相談（問題）の「掘り起こし」と言われる領域に当たる。この部分に各種専門家がどのように関わっていくのかが問われるところである。

二　「法的訴え」とその解決の方向

ここで言う「一般相談」の場でも、「誰々を訴えたい」「慰謝料を取りたい」などの「法的訴え」は、決して珍しいものではない。その場合に相談担当者は、第一に「相談者が法的解決を望んでいるのか否か」を判断しなければならない。これらの主張を「心から」言っているのか、とりあえずの表現として言っているのかの判断である（この部分の見立ての問題は後ろの節で触れる）。第二の課題として、「法的解決が、この人にとって本当に望ましいものなのか」という判断があるだろう。もちろん、それが結果的に相談者の立場をより苦しくするものであっても、本人が承知でその道を選ぶのなら止めることはできない。しかし、相談担当者は、一定の見通しの下に本人の再考を促すだけの見識は持っていなければならないだろう。

さて、先の図1に戻って考えると、この「訴えたい」という主張は、「何とかしたい（してやりたい）」という意味で目的性を高く持っているが、そうした心持ちを「受け止めて欲しい」という点では感情処理の側面も持っており、ひとまずB点周辺に位置づけることができるだろう。その上で、解決の方向性を探ることになる。

仮にB点に位置づけられた問題を法的に扱う場合には、「誰々を訴えたい」という主張は、法的な根拠を吟味され、訴えが可能な場合は法的に論理化される道を辿るだろう。これは図1の法律相談を示す楕円内にBからAへ向かう矢印で表した過程である。この過程では、個人の内面でこの主張を支えているさまざまな思いや感情は抽象化されざるを得ない。例えば、個人の恨みつらみや傷つきの大きさも結局は請求金額の大小に還元せざるを得ないし、非常に個人的な思いも一般的な人情に訴えて表現せざるを得ない。ときに「訴訟で勝ったものの空しい」とか「何の解決にもならない」といった嘆きが聞こえるのはそのためであろう。

他方で、同様に個人的な思いが法的に抽象化されながらも、訴訟によって、文字通り思いが満たされたと思われる場合もある。それは、おそらく訴訟の過程で、相談し、共に戦う弁護士や身近な人たちとの間に信頼関係が成立し、さまざまな思いはその人間関係の中で十分に汲み取られ、判決はその共同作業の成功の記念碑に過ぎないとさえ言えるようになった場合ではなかろうか。

個人の思いを法的訴えの形にする行為は、面をわずかな数の点で支えようとする行為と似ている。点の位置が適切（ツボを外していないこと）であると同時に多様な広がりのある思いを点に集約していく過程の質（それはまず弁護士と相談者の関係の質であろう）が高いという条件があってはじめて、法的解決がその相談者の人間的解決につながるのであろう。法律相談への導入は、その第一歩である。

さて、同じB点に位置づけられる問題をカウンセリングの中で扱う場合がある。その場合、カウンセラーはこうした訴えをせざるを得ない心情に寄り沿うことを第一に考える。その上で、相談者自身が、自分はなぜそうしたいのか、最終的にどのようにありたいのかに気づいていくように促すだろう。その過程では、カウンセラーと相談者の人間的関係は非常に深いものになり、その信頼感と安全保証の中で相談者の感情と主張は繰り返し表現され、自身によって吟味される。この過程は、図1のカウンセリングの楕円内にある矢印のように何回も行きつ戻りつしながら、最終的に目的を遂げていくことになる。ただ、この場合の目的は当初の訴えの方向とは必ずしも一致せず、他の形で生きる道を見つけることによって達成されていくことも少なくない。もちろんカウンセリングの結果、やはり法的手段に訴えたいということになることもあるだろう。その場合は、主張はより自分本来の気持ちに沿い、かつ現実的で確信に満ちたものとなることが期待される。

法律専門職と心理職の望ましい共同のあり方がこの辺りに見いだされるかもしれない。

三 「事例」の紹介

まず簡単な実例をいくつか挙げる。

【事例A】 父からの親権者変更申立て

子は小学六年生の男の子。婚姻中から非常に嫉妬深い夫で母の行動を詮索し、母は嫌気が差した。離婚後も母子は徒歩五分ほどの所に住んでいたが、まったく行き来は無かった。一年後母のアパートに男性が同居し始めると、まもなく父は母から自分への親権者変更の申し立てをした。父の面接には、弁護士が同席、父から子に宛てた手紙の写しを持参した。「男は父母と子の幸せな家庭を壊す悪い男だ。父は子に会いたいが、男と母が会わせてくれない」など細かい字で書き連ねてあった。父はもごもごと口ごもりながら同内容の主張を繰り返したが、子を引き取った後の養育計画などは具体性がなく、「とにかく母と男には渡せない」と繰り返した。後に子に話を聞くと、まったく父と同居する意志はなく、「家が変わったのを友だちに知られるのが嫌なので、父の家に寄り、窓の外の洗濯機に隠してあるランドセルに荷物を入れ換え、登校班と一緒に学校に行っている。その時間父は家に居るので会いたければ、窓から顔を出せばいつでも会えるはず。父は僕が行くと隠れてしまう」と呆れたように言った。

父に現実的な引き取りの意志はなく、母と男性に対する嫉妬、嫌がらせからの申し立てと理解された。

【事例B】円満調整を望む四六歳の妻

夫からの離婚申し立てに対し、円満調整の申し立て。

互いに異性関係もなく、別居後半年余りではあるが、親族まで巻き込んだ紛争の経過は長く、破綻は決定的のように思えた。しかし、妻は「いつでも夫を受け入れる。長い歴史があり、愛情もあるので戻って欲しい」と繰り返す。

周辺事情を聞くと、母と同居して社会人と大学生となった子どもは、「お母さんの面倒は見ていく」と言っているとのこと。「当面別居であるとしても、生活にどれくらいかかるのだろうか」と尋ねると、住宅ローン、保険料等々長期的見通しに立った非常に具体的な答えが返ってきた。内心、離婚という道筋も十分に考えていると見られた。

円満にという主張に沿いながら、丁寧に話を聞いていくと「現実的には離婚も考えないではない。問題は相手の誠意」という方向に話は進んでいった。誠意の内容が金銭であることは疑いない。

【事例C】円満調整を主張する三三歳の夫

結婚当初から、喧嘩の絶えなかった夫婦。話の様子では、夫の自分勝手、わがままが過ぎるように思えるが、夫自身は、「男ってそういうもんでしょう」と相談者に同意を求める。夫に殴られたのをきっかけに、妻は三カ月前に三歳の子をつれ、実家に帰ってしまった。

夫は、「戻って欲しい」という主張は一貫しているが、事情を話す段になると、うまく行かなくなった原因を、妻の性格や実家に帰して、大声でまくし立て怒る。時折、気づいたように「私の包容力が無かったこともあるが……」など言うが、また、妻が如何に至らなかったかを語り続ける。

どうも、夫は見くびっていた妻に去られて、面子を潰された心持ちが強く、妻が主導権を握って離婚の方向に向かうことが耐えられないらしい。

【事例D】男を訴えると息巻く夫

三七歳の夫は、仕事をする妻と仕事上の関係にある男性の間柄を疑っている。話の限りでは、疑うに足る具体的根拠は乏しいように思えるが、夫は執拗に妻を追求し、はっきりした性格の妻は、「そんなわけないでしょ！」とはね返す。やがて、夫は自分の感情を持て余して、自ら別居したが、夜になると自宅の周りで妻の様子を窺って悶々としていた。夫は、家裁の面接室から、道路を隔てて見える県庁を指し、「男はあそこで働いている○○なんです」「妻と男を訴えてやる」「私はこれから県庁に行って、裁判所まで来たと言ってやろうかと思います。仕事をめちゃめちゃにしてやる」などと息巻いて話したが、結局、そのまま帰宅し、最終的には、妻の意向に従って離婚した。

【事例E】親権者変更により別れた妻の居場所探し

相手方、事件本人住所不明のままで親権者変更の申し立てをしたいと言う。住所は、裁判所が調べられるはずだと主張する。調べると家裁支部に多数の事件係属歴があり、この相談者は、別れた妻への常軌を逸したストーカー的行動を繰り返し、妻子が姿を眩《くら》ませてしまっているとのこと。手だてを失った夫は、今回の申し立てにより、家裁から妻に連絡を取らせ、居所の手がかりを得ようとしたらしい。

【事例F】兄弟に対する失踪宣告

五人兄弟の兄姉、妹が次男についての失踪宣告を求めた。兄弟の母はすでに死亡。父は入院中で死期が近い。次男は、高校を中退してまもなく失踪し、以後音信がないと言う。ただ、その話をする兄弟の口振りに次男に対する非難や嫌悪感がのぞくように思えた。市役所、陸運局などを通じて調査すると次男が近県で生活していることがわかり、しかも、二年前の母死亡時には、兄弟とも連絡があり、遺産のことで諍《いさか》いがあったことがわかった。

あきらかに兄弟が、次男を父の遺産分割から排除しようと画策したことがわかった。

四　「見立て」をめぐって

主張が本心に基づく場合には、問題の難易の差はあろうが、相談自体は容易である。しかし、上記の例のように訴えと本心とに食い違いがある場合には慎重な対応と細心の見立てが必要であろう。

例のようなケースを先ほどの図式上に表すと図2のようになると考えられる。図のように主張と実際に選択されている行動の間に乖離がある。そして、その行動の底に感情（本音）が潜んでいる

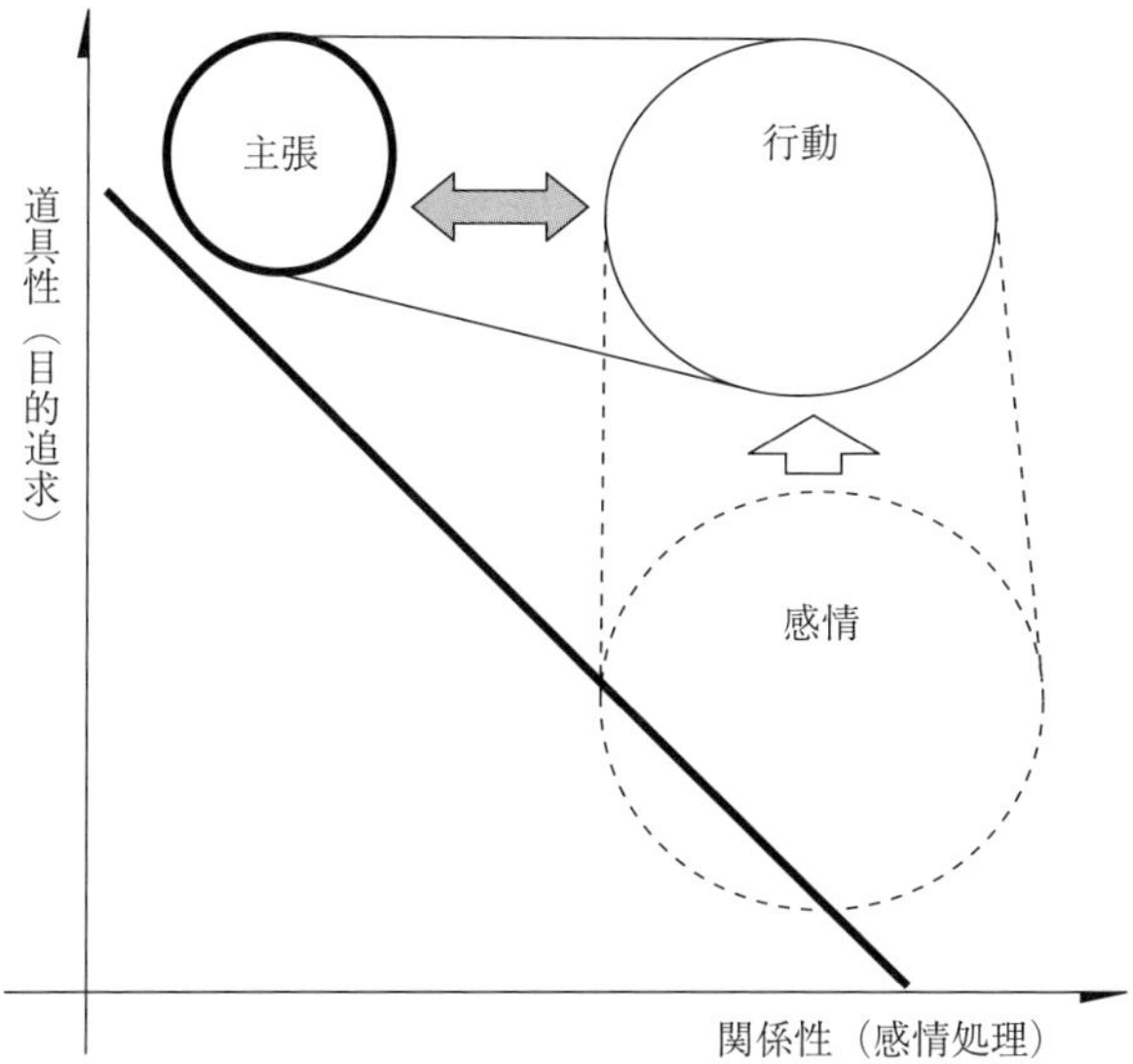

図２　法的主張における主張と行動の乖離

と見られるのである。

　このように図式化してみると、「見立て」をめぐるわれわれの課題が明らかになる。その第一は、「主張と行動の乖離に気づくこと」。第二は、「潜んでいる感情を感じ取ること」である。これは簡単なようで実際場面ではなかなか難しい。なぜなら、まず主張と行動の乖離は本人自身が意識していないことも多い。前記の事例でもA、C、Dなどはそれに近いだろう。また、BやEのように相当程度意識している場合には、今度はその意図を隠蔽しようとする計略を見破らなければならないからである。

　「主張と行動の乖離」に気づくための留意点は以下の通りである。①主張を実現するためにこれまで具体的に何をしたかを尋ねる（抽象的な、例えば「愛情があるから」などの言葉で納得してしまわない）。②相談者の日常生活や人間関係のやりとりが視覚化できるような質問をし、聞く（例えば、夫婦なら、洗濯、食事、生活費の管理はどうしているのか、伝えなければならない用があるときはどうしているか、など。こうした部分は咄嗟に作為的話ができにくい）。③このような生活の具体レベルと人の感情の関わりについて考え得るレパートリーを多くしておく（こんな気持ちのときは、日常行動でこんなことをしがちである、という知見を多く持っていること）。④「こんなときに人はこんな行動するものだろうか」「自分だったらどう振る舞うだろうか」という疑問の余地を残す見方をする（簡単に納得し、早呑み込みしないこと）。

「潜んでいる感情に気づく」ためには、①言葉の内容以外の表現に敏感になる（表情、動作などが話の内容と自然なつながりを持っているか。例：どんな内容のときに声が大きくなるのか、身振り手振りが入るのか等）。②言葉の言い回しに敏感になること（例えば、「相手は〇〇するべきだ」「〇〇するのが普通じゃないですか」などは、すでに愛情・感情関係が勝ち負けや意地の関係に置き変わりつつあることの表れであろう）。③「人は矛盾した感情を同時に持つこともある」と知ること（私たちはつい感情について単純化し、あれかこれかと決めつける傾向がある）。

以上のような点に注意しながら、全体とすれば、面接者は心の三分の一で主張を聞き、三分の一で具体的行動を観察し、三分の一で相手の感情に共感して、寄り添っていくような姿勢が必要だろう。そして、それらを全体として俯瞰してそれらの相互関係を絶えず点検する意識を持っていることが必須である。

そして、主張と行動、感情に乖離、矛盾があると見られた場合には、潜んでいる感情に身を寄せ、感情の流れに沿って話題を展開していくことを基本とし、最優先する。その逆はあり得ない。乖離がある場合に、主張の線についていってしまうと、結果的に相談者を本人が望まないところに連れて行ってしまい、事態を混乱させてしまう失敗をすることになる。

ここで述べた「感情」への注目という視点は、法律家には馴染みの薄いものではないかと思う。しかし、非常に私的、個人的感情を法的訴えとして表現するような例や、正当な法的訴えの中にも、感情の処理を最優先に考えなければならない事例（犯罪被害者など）がますます増加すると思われる昨今の状況の中で、こうした視点からの議論が深まっていくことが望まれる。

文　献

山野保・平川義親・森本行子・伊藤直文（1986）「困難な調停事件の解決への手がかりを求めて──未練の心理と諦めの過程」調研紀要四九号　家庭裁判所調査官研修所

佐竹洋人・中井久夫編（1987）『「意地」の心理』創元社

あとがきに代えて

――生活事実とリアリティ――

家庭裁判所調査官として仕事を始めて数年が経ち、非行少年たちとの付き合いの面白さに夢中になっていた頃のことである。中学三年生による集団暴力事件で少年鑑別所に入った主犯格三人の内、二人を少年院に送ったが、グループのリーダーと目されていた少年はさまざまな事情を考えて在宅試験観察として継続面接することにした。多くの不良仲間が周辺に残っていたこともあって、彼にはさまざまな困難が待ち受けていたが、都度私と語り合い乗り越えた。やがて、勉強も少しずつ始め、学校側が驚くくらいに急速に改善していった。試験観察開始から二カ月ほどして、彼がブレザーにネクタイをしてきたときには、その嬉しそうな表情に和みつつも、どこかで違和感を持った。ほどなく、彼の表情が暗くなって面接への遅刻も増え、日常生活も乱れ始めたのである。

少し後になり、この時期、母親が彼にタバコを勧めたり、いかがわしい商売の男と同棲している姉のところに遊びに連れて行ったりしていたことがわかり、若かった私は、子どもの更正を邪魔する母親にひどく腹を立てた。しかし、さらにしばらく付き合ううちに、私が彼の身に合わない速度と質の成長を強いていたこと、彼も私の熱意にほだされて（同一化があったろう）無理を重ねたこと、彼のそんな変化は、母親をひどく落ち着かない気持ちにさせていたことなどに気づいた。その後は、少し肩の力を抜きながら付き合っていき、彼自身も仲間たちも落ち着かせることができた。

ちょうどそんな頃に、別の年長男子少年の父親で、手広く土建業を営んでいる人が、「私のところで使っている連中は、今は一人前の職人になって女房子どもを養っているけど、だいたい若いときはやんちゃで警察の世話になったことのある奴が半分ですよ。息子もいずれこういう連中を使っていく立場になるんだから、まあ少年院まで行かれちゃ困るけど、鑑別くらい入ったのは薬にもなったし、いいかなって。先生みたいに勉強して、難しい試験に受かった人にうちの社長が務まるわけじゃないと思うよ」と話してくれた。少々都合の良い理屈を言っているとも思ったが、他方で「それはそうだな」と大いに納得し、前述のケースで起きていたことが胸に納まった。

それぞれの人やその家族には、「こういうふうに大人になっていく」とか「こうやって直っていく」というイメージがあって、それらは彼らの生活の中に存在する物や日常のやりとりに支えられている。そのイメージに合わない回復の道筋は、それが心理学理論や中核文化の道徳的道筋から見て正しいとしても、本人や家族にはリアリティの薄い、心許ないものに見えて、不安を感じさせるのだろう。

その後、私は少年に限らず（家事事件担当者として家族を扱うことも多かったので）、当事者の生活場面にある物や人とのやりとりの具体面に強く関心を持つようになり、事情が許すかぎり、家庭訪問して、私自身の想像力のストックを増すように努めた。実際、訪ねてみると私が生きてきた中で見たこともないし、想像さえできないような暮らしをたくさん見ることになった。そういう場に立つと、普段当事者の話を聴きながら共感し、理解したつもりになっている水準とはまったく異なった形で、足下から胸に突き上げてくるような感覚が生じた。生活の編み目に絡め取られて「どうしようもなくなっている」当事者のやるせなさ、哀しさ、とりあえずの楽しみといったものが圧倒的な厚みをもって押し寄せてくるのである。

そんな時期を経て、自然と面接も変わってきた。文字通り、生活や日常行動やその環境に存在するものが目に浮かぶように話を聴くことを面接の軸に置くようになったのである。

むろん、逐一調査をするように尋ねるわけではないが、生活の具体像を自分のストックを総動員しながら想像していると、自然な流れで質問が出てくる。両親公務員の共働きで、公務員住宅で育った一人っ子の青年のケース。「熱出して学校休んだりするとつらいね」と話を向けると、「昼の食べ物とか用意しておいてくれたりもするけど、周りの家も皆仕事でいないし…」と言う。そこで「公務員住宅って、ほら扉がすごく頑丈な鉄だったりするよね」と聞くと、「そうなんですよ！　母が優しく声をかけてくれても、出て行くときにガシャーンって。響くんです。それから、シーンと静かになって。だから、いつも母が行くと一日中テレビをつけっぱなしにしてた。寂しいのもあったけど、何よりも怖くて」と話は続いた。青年は、こうした気持ちを一度も母に話したことはなく、ましてや離婚後苦労している母を見ると一切口にだすまいと思ってきたと語った。

私たち心理臨床家は、話の表面的意味の奥にあって、本人さえ気づいていないような、歴史性や身体性を担った意味を探ろうとする。ただそれは、象徴表現や洞察的語りによってのみ見いだされるものではないだろう。実は、その人が何気なく繰り返している振る舞いやいつも手元においている物の中に彼の深い心のありようが表現されているのではないか。そう考えれば、生活の具体事実を聞いていくことが、決して、「浅い」「表面的」面接とは限らない。

こんなことを考えるうちに、あらためて主訴の位置というものを意識するようになった（図を参照）。この図で私が表現したいものは次のようなことである。

第一に、私たちの精神は、象徴的、深層的、内面的な方向にも、現実的、具体的、外面的な方向にも広がっているが、クライエントは一般に、この双方向への広がりという意味では狭かったり、偏っていたりするのが通常である。だからこそ生きている現実の中で盲点が生じ、生きにくさを感じるのだろう。そうであれば、クライエントと相対する臨床家は、少なくともこの双方向への広がりをバランス良く、かつクライエントよりは広くもっていなければ、援助的関わりをすることがで

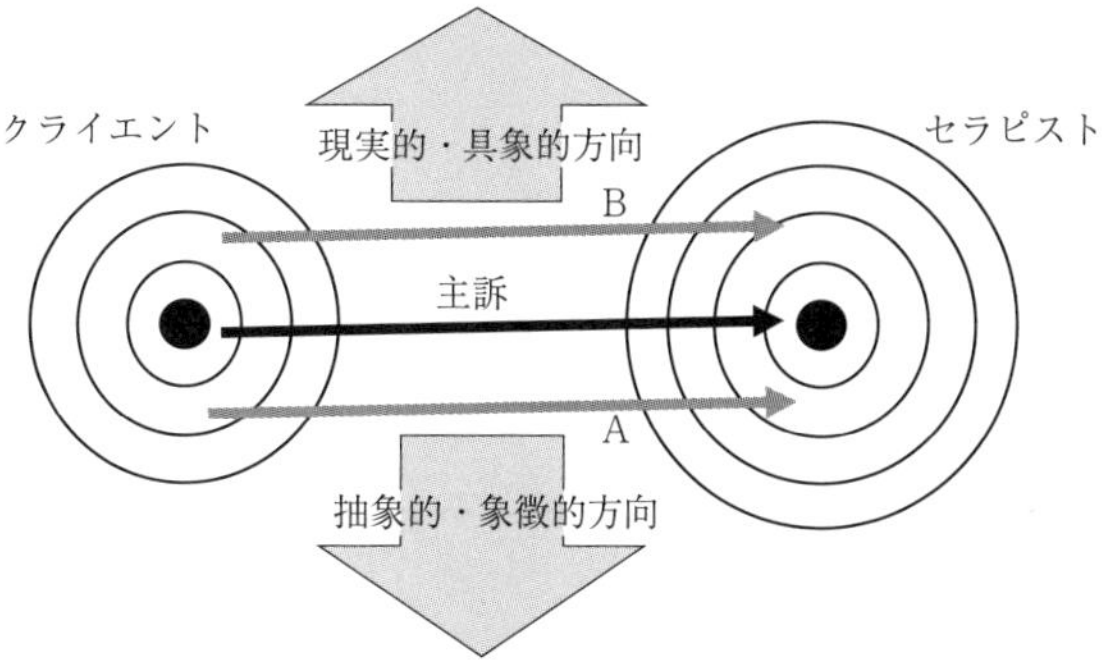

図　主訴の位置

きない。クライエントの語りをより大きい文脈の中に置いて、吟味できなければならないのである。第二に、主訴というのは、上述の二方向の狭間に表れてくるものと考えられる。極めて具体的、現実的な主訴であっても、それが悩みとしてクライエントを捕らえてしまうからには、それを意識しているか否かは別にしてクライエントの内面的課題に関わっているはずである。また、内面的で抽象的表現をとる主訴も、具体的な体験を通じて意識され、解決されていくはずである。だから、臨床家は、この主訴というものを、内面性と現実性が摺り合わされたところに生じるものとして、常に中心に据えて意識する必要がある。そして、例えば、内面的、抽象的な語りをしがちなクライエント（A）には、より具体的、現実的な方向への広がりを促す聴き方、面接の展開を心がけることになる。逆（B）も同様であろう。現実的、具体的な話をそこに含意されるクライエントの内面性に気づかないままに追いかけていたら、表面的な関わりになってしまうし、抽象に偏る話を、際限なく続けさせることが、生産的な支援になるかどうかも疑問である。

面接をする中で、クライエントの語りが彼の生きている現実の中心から発せられ、それを私たちが私たちの心の中心で受け取ることができたときに、私たちは語りにリアリティを感じ、意味のある語り合いができるのだと思う。

いささか話が概念的方向にそれてしまったが、私の臨床家としての初期の経験は、クライエント（とその重要な関係者）のリアリティというものが、内面的、深層的なものと、具体的、現実的なものの中間に立ち現れるものだということを教えてくれた。そして、その人にとってのリアリティがどこ辺りにあるのかを探ることこそが面接の重要課題であると気づかせてくれたように思う。

心理臨床家は、ともすると内面的、深層的な方向に話を深める欲求を持つ（それは心理臨床家のアイデンティティにも関わる）が、現実方向への進展を十分に考慮しない治療は、ともすると、クライエントと心理臨床家の閉じられた相互充足関係に陥る恐れを孕んでいるのではないかと思う。

心理臨床がますます社会の中で役割を占めるようになりつつある現在、外と内、社会と心、具体と象徴、現実と非現実、進展と退行等々の二項の間で、バランスよく、かつ力動的な統合を果たしていく姿勢が、心理臨床家に強く求められているように思う。

謝辞

本書を著すことができたのは、村瀬嘉代子先生の後押しがあってのことです。私は、依頼を受けたり、さまざまな必要に迫られたりして、その都度書いたものを公にはしてきましたが、およそ自分から本にまとめようという意欲に乏しい人間で、先生から勧められることがなければ、このような形にできることはなかったでしょう。

心より感謝申し上げます。

振り返ってみると、大学院時代、村瀬孝雄先生にお世話になっていた私に声をかけて下さり、治療的家庭教師として使っていただいたこと、修了後の進路に迷っていたときに突然お電話を下さり、「たぶんそろそろ願書受付の時期だと思うから、家裁調査官の試験を受けてみたら」と教えて下さったこと、さらには、家裁調査官の仕事に少々飽和状態になってきていたときに大学に呼んでいただいたことなど、重要な局面で思い切りの悪い私の背中を押して下さったのは先生でした。このように書くと、先生は「まるでレールを引いているみたいで人聞きが悪い」とおっしゃりそうですが、私の中で燻っていた気持ちを的確にアセスメントしてくださった結果だったのだと思っています。

この本の内容が、ご期待に添えるものになったかはわかりませんが、長く仕事をしてきた中で、考えてきたことを再確認できる良い機会になりました。

この一〇年ほどは、心理臨床の倫理に関わる仕事が多く、関連することを考え、書くことが多かったので、アセスメントをキーワードに一書をまとめることには、相当な勇気が要りましたが、金剛出版の立石正信氏が都度的確な助言と励ましを下さり、なんとかまとめることができました。厚く御礼申し上げます。

著者略歴

伊藤直文（いとう・なおふみ）

大正大学心理社会学部臨床心理学科教授，公認心理師、臨床心理士

1978 年，立教大学大学院文学研究科心理学専攻修士課程修了。

家庭裁判所調査官を経て，1994 年より大正大学専任講師。

著訳書

「家族の変容とこころ」（編著、新曜社、2006 年），「こころに気づく」（共編著，日本評論社，2007 年），「心理臨床講義」（編著，金剛出版，2015 年），「現代臨床心理学」（共訳，弘文堂，1980 年），「異常心理学」（共訳，誠信書房，1998 年），「十代の心理臨床実践ガイド」（共訳，ドメス出版，2001 年）など。

心理臨床《しんりりんしょう》における実践的《じっせんてき》アセスメント

――事例《じれい》で学《まな》ぶ見立《みた》てとかかわり――

2022 年 4 月 10 日　印刷
2022 年 4 月 20 日　発行

著　者　伊藤　直文
発行者　立石　正信

印刷・製本　イニュニック

装丁　岩瀬聡

株式会社　金剛出版

〒 112-0005　東京都文京区水道 1-5-16
電話 03（3815）6661（代）
FAX03（3818）6848

ISBN978-4-7724-1879-9　C3011